中小企業M&A
株式譲渡の税務

税理士　村木 良平　著

株式会社きんざい

はじめに

　本書は中小企業M&A手法のうち株式譲渡に関する税務会計の実務書として、「必要な情報だけがまとまっている実務書があれば有用ではないか」との思いから平成28年1月に「中小企業M&A実務必携税務編」として刊行され、今回、第2版からの改訂という形でタイトルを改めています。

　令和3年6月30日時点で公表されている法令等をもとに執筆・編集しています。第2版からの主な変更点としては、平成31年度以降の税制改正内容を本文に反映したうえで、新規内容または補足内容（以下、主なもの）を加えています。

　・譲受企業が通算グループの場合【1－8の3】
　・株式取得代金の70%を損金算入できる【2－12のMAcafe】
　・従業員で勤続年数5年以下の者の退職所得【3－2の2】
　・欠損金の繰戻還付（新型コロナ特例）【4－3の3】
　・譲渡企業への貸付金処理に「債権譲渡」を追記【10－1の5】
　・グループ通算制度【13－1～13－5】

　筆者の多くの実務経験と成約実績をベースとした、最新の法令等に沿った実務書となっています。

　条文等の解説本ではないため、詳細や実務的に発生頻度が低い項目の解説を割愛し、表現をあえてわかりやすくすることで、要点を押さえていただくことに注力しています。ご利用に際しては、その点をご理解いただければと思います。

　本書の構成は、税務は第1章から第14章まで、会計は第15章のみという構成です。
　第1章では税務の基礎とともに第2章から第14章までの内容のうち主な要

点を載せていますので、まずは第１章と第15章をご確認いただければ最低限の知識は身につくはずです。また、本書内の各参照箇所を記載していますので、記載内容をより詳しく知りたいという方はその参照箇所をご確認ください。

　第２章から第14章については、実務で迷った論点を目次で検索後ご利用いただいてもよいかと思います。また、実際の実務においては、顧問税理士の意見や税務署等への事前相談回答結果もご確認いただき、慎重にご対応されることをお勧めします。

　本書が、M&A実務に携わる方々にとって、適正・円滑な業務遂行の一助となれば幸いです。

　最後になりましたが、本書の刊行にあたりご協力くださいました皆様、本当にありがとうございました。この場を借りて深く感謝いたします。

令和３年10月

村木　良平

凡　例

本書中の法令、通達等の略称は次のとおりです。

略称	正式名
通法	国税通則法
法法	法人税法
法令	法人税法施行令
法規	法人税法施行規則
法基通	法人税基本通達
連基通	連結納税基本通達
グ通	グループ通算制度に関する取扱通達の制定について
所法	所得税法
所令	所得税法施行令
所基通	所得税基本通達
相法	相続税法
相基通	相続税法基本通達
評基通	財産評価基本通達
消法	消費税法
消基通	消費税法基本通達
地法法	地方法人税法
措法	租税特別措置法
措令	租税特別措置法施行令
措規	租税特別措置法施行規則
措通	租税特別措置法関係通達
地法	地方税法
地令	地方税法施行令

【本書の留意事項】

1．原則として令和3年6月30日現在の法令・税制等に基づいて記載しています。今後、法令・税制等は変更となる可能性があります。

2．わかりやすさを優先したために、一部省略・簡略した表現を用いています。

3．個別具体的な法令・税制等の適用については、弁護士・司法書士・公認会計士・税理士・社会保険労務士などの専門家にご相談ください。

4．意見に当たる部分は著者個人の見解です。

第1章　全体像と税務の基礎

第2章 株式譲渡所得

第3章 役員退職金

第4章 欠損金関係

第5章　配当・自己株買い

第6章 現物分配

第7章 非事業用資産の切離し

第8章　個人からの不動産買取り

第9章 グループ法人税制

第10章　譲渡企業への貸付金等

第11章　譲渡企業で適用不可となる制度

第12章　連結納税

第13章　グループ通算制度

第14章　その他の税務

第15章　譲受企業の会計処理

第 **1** 章

全体像と税務の基礎

本章のねらい

　株式譲渡M&Aで発生する各取引の概要と譲渡企業の案件化（必要資料の入手など）からスキームの構築、M&A実行時、M&A後に至るまで全体の中で押さえておきたい税務知識全般の基礎を確認します。

1-1 株式譲渡 M&A のイメージと当事者の課税概要

ポイント

- ・株式を譲渡すると税金がかかる。
- ・役員退職金を受け取ると税金がかかる。
- ・役員退職金を支給すると適正額までは損金扱いできる。

1. 株式譲渡 M&A のイメージ

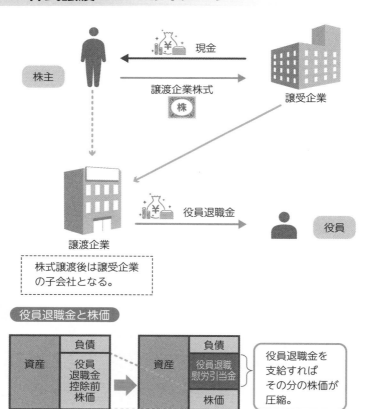

株主 ← 現金 ← 譲受企業

譲渡企業株式 株 →

株式譲渡後は譲受企業の子会社となる。

譲渡企業 → 役員退職金 → 役員

役員退職金と株価

| 資産 | 負債 |
| | 役員退職金控除前株価 |

→

資産	負債
	役員退職慰労引当金
	株価

〔引当金計上後〕

役員退職金を支給すればその分の株価が圧縮。

2

2. 各当事者の課税概要

　株式譲渡によるM&Aが行われた場合、各当事者の税務的な取扱い概要は次のとおりです。

各当事者	税務取扱い	第1章参照項目
個人株主	株式を譲渡すると所得税・復興税・住民税がかかる。	1−2 1−3の2・3
	配当金を受け取ると所得税・復興税・住民税がかかる。	1−2 1−3の2・3
法人株主	株式を譲渡したことにより生じた所得は他の所得と合算され、法人税等がかかる。	1−6の1・3
	配当金を受け取ると一定額を非課税とできる。	1−7の6
	100％子会社から土地等の現物配当を受けると全額が非課税。	1−7の8
役員	受け取った役員退職金には所得税・復興税・住民税がかかる。	1−3の2・3
	建物や土地を譲渡すると所得税・復興税・住民税がかかる。	1−3の2・3
譲渡企業	役員退職金は適正額まで損金とでき税負担を軽減できる。	1−7の2
	欠損金の未使用額は翌期以降の所得に充てる（所得と相殺する）ことができる。	1−7の4
	役員退職金支給時には税金を差し引いて支給する。税金は役員に代わって翌月10日までに納付する。	1−4の1
	配当金支給時には税金を差し引いて支給する。税金は株主に代わって翌月10日までに納付する。	1−4の1
	課税は生じない。	−
譲受企業	譲渡企業で役員退職金を支給するとその額だけ株式取得代金を圧縮できる。	−
	課税は生じない。	−

※「復興税」＝「復興特別所得税」（以後、本書において同様）。

1 全体像と税務の基礎

1-2 M&A と会社清算との取扱い比較

株式譲渡 M&A と会社清算の比較

　個人株主を前提とした場合、株式譲渡によるM&Aと会社清算における取扱いの比較は次のとおりです。

	① 株式譲渡によるM&A	② 会社清算
企業評価	純資産に「のれん（営業権）」を別途上乗せし、その価額をベースに金額交渉できる場合も多い。	各資産を処分価額で評価し、割増退職金、清算費用等の負担により、場合によっては債務超過となり、清算する際にオーナーの自己負担額が発生してしまう可能性もある。
税の取扱い	株式譲渡所得に対する税率は20.315%で済む。	清算配当を行える場合であっても、出資の払戻額を超える額は配当所得として最高約50%の課税が生じる。
例※	譲渡費用ゼロ、税率を20%とする。 税負担（3.1億円−0.1億円）×20%＝0.6億円 手取り 3.1億円− 0.6億円＝2.5億円	税率を50%とする。 税負担（3.1億円−0.1億円）×50%＝1.5億円 手取り 3.1億円− 1.5億円＝1.6億円

※ 対象となる企業において、①の場合は株価、②の場合は清算配当直前の純資産を3.1億円、株式の取得費と②の出資の払戻部分を0.1億円とします。①はのれん（営業権）が計上できず、②は解散決議前の純資産が清算配当直前まで維持されたと仮定した場合の比較です。

（1）企業評価

　株式譲渡は、純資産に「のれん（営業権）」をさらに上乗せできる余地があるのに対し、会社清算は、各資産を処分価額により評価し、また、割増退職金等の発生により株式譲渡に比べ著しく低い評価となることがほとんどです。上記の例では株主の税負担に関しそれぞれの差額をわかりやすく見るために同じ評価を前提としていますが、実際には考えにくい前提条件での比較となります。

（2）会社清算の税負担

　清算配当金を出せる場合であっても出資の払戻部分（資本金と一致することが多い。多くの場合この部分は税負担なし）を超える額は、金額が多いほど高い税率での税負担となり、所得税（復興税込み）と住民税を合わせ最高約50％※の税率となります。

　会社清算をした場合には、取引先との事業継続や従業員の雇用継続等が守られないという大きな問題のほかに税負担的にもデメリットが大きいといえます。

※　配当控除という税額控除を考慮後の税率。通常の配当でも同様。

（3）まとめ

　次の２点からオーナーの手取金額を考えても、株式譲渡のほうがメリットが大きいことは明らかです。

---

①　前記（1）のように、株式譲渡のほうが高い評価額となる。
②　株式譲渡では20.315％（内訳：所得税15％、復興税0.315％、住民税５％）、会社清算では最高約50％の税負担となり、株式譲渡のほうが税負担が少ない。

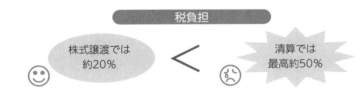

1-3 所得税と個人住民税の概要

ポイント

- ・個人の所得には所得税、復興税、個人住民税の3つがかかる。
- ・退職・株式譲渡所得は他の所得とは分離して所得・税を計算。
- ・株式譲渡所得は「収入金額－取得費・譲渡費用」で計算。

1. 個人の所得には所得税等がかかる

個人の所得（儲け）には所得税と個人住民税がかかり、また、令和19年まで復興特別所得税（以下、略して「復興税」）が別途かかります。

2. 10種類の所得区分とその計算方法

次の一覧は、所得税と個人住民税における所得の区分等です。いずれも10種類の所得区分からなり、株式譲渡によるM&A実務においては「×」印以外の所得は押さえるべき内容です。

（1）分離課税

退職所得、不動産の譲渡所得、株式の譲渡所得等は他の所得とは分離して所得・税額を計算する「分離課税」方式をとります。

（2）総合課税

配当所得、不動産所得、給与所得等は、1月1日から12月31日までの暦年単位で各所得を合算し、所得控除（社会保険料控除、配偶者控除、扶養控除、基礎控除等）控除後の課税所得に税率を乗じ税額を計算する「総合課税」方式をとります。

※ 「総合課税」方式の各所得金額の合計額。

6

所得の種類	重要度*	課税方法	発生場面			計算方法
利子所得	×	分離課税	預金利息の受取り			収入金額
配当所得	○	総合課税	配当金や、みなし配当（会社清算や自己株買いに応じた場合等に発生）の受取り			収入金額−株式取得のための借入金利子
不動産所得	○	総合課税	土地や建物の賃貸			収入金額−必要経費
事業所得	△	総合課税	事業を行っている場合			収入金額−必要経費
給与所得	○	総合課税	給料、賞与、勤務している法人から受ける贈与・経済的利益などの受取り			収入金額−給与所得控除* ※　国税庁HPに速算表あり
退職所得	◎	分離課税	退職金、勤務している法人から退職に基因して受ける贈与・経済的利益などの受取り			(収入金額−退職所得控除*1) ×1/2*2 ※1　①勤続20年以下：40万円×勤続年数（最低80万円） 　　②勤続20年超：800万円+70万円×（勤続年数−20年） ※2　【3−2の2】
山林所得	×	分離課税	山林の立木の売却（保有5年超に限る）			収入金額−必要経費−50万円
譲渡所得	×	総合課税	ゴルフ会員権等の売却	所有5年以下		収入金額−取得費・譲渡費用−50万円
	×			所有5年超		収入金額−取得費・譲渡費用−50万円 (注)　総所得金額計算の際にこの金額を2分の1する。
	◎	分離課税	土地や建物の売却	譲渡年の1/1で所有5年以下（分離短期譲渡所得）		収入金額−取得費・譲渡費用
	◎			譲渡年の1/1で所有5年超（分離長期譲渡所得）		
	◎		株式の売却			収入金額−取得費・譲渡費用
一時所得	△	総合課税	生命保険の満期保険金・解約返戻金、勤務していない法人から受ける贈与・経済的利益(業務関連、継続的なものを除く)などの受取り			収入金額−支出費−50万円 (注)　総所得金額計算の際にこの金額を2分の1する。
雑所得	△	総合課税	公的年金、個人年金保険、役員退職金の3年超などの長期分割受取り、会社への貸付金利息。上記9つの所得区分に入らない所得			収入金額−公的年金等控除額*または必要経費 ※　国税庁HPに速算表あり

*M&A実務での重要度が高い順に◎、○、△、×

3. 税率

次の（1）（2）（3）を合わせた総合課税の最高税率は、約56％となり、高額な報酬を受け取っているオーナーであれば報酬のおおよそ半額が税金ですが、株式譲渡所得に対する税率は合計で20.315％であるため、何年もかけて受け取る報酬総額と同額でM＆Aを行った場合、税負担的にも明らかにM＆Aが有利です。

（1）所得税

最高税率が45％、所得が大きくなればなるほど税率も高くなる累進課税方式であり、所得金額区分に応じ乗じる税率が異なります。次の表が簡単に税額を計算するための速算表です。

課税される所得金額（A）		税率（B）	控除額（C）	税額＝（A）×（B）−（C）
	195万円以下	5％	0円	（A）× 5％
195万円超	330万円以下	10％	97,500円	（A）× 10％− 97,500円
330万円超	695万円以下	20％	427,500円	（A）× 20％− 427,500円
695万円超	900万円以下	23％	636,000円	（A）× 23％− 636,000円
900万円超	1,800万円以下	33％	1,536,000円	（A）× 33％−1,536,000円
1,800万円超	4,000万円以下	40％	2,796,000円	（A）× 40％−2,796,000円
4,000万円超		45％	4,796,000円	（A）× 45％−4,796,000円

たとえば、課税所得が50,000千円とすると、「50,000千円×45％−4,796千円＝17,704千円」が所得税となります。

なお、給与所得や配当所得等の総合課税の所得や退職所得に対する税はこの速算表を適用し計算しますが、株式譲渡所得・分離長期譲渡所得では15％、分離短期譲渡所得では30％を定率として計算します。

（2）復興特別所得税

「所得税（上記（1））×2.1％」（注：「所得金額×2.1％」ではありません。）
で計算します。

（3）個人住民税

個人住民税（所得割）の税率は市町村民税6％と都道府県民税4％の一律合計10％となり、課税所得に乗じて税額を計算します。

なお、総合課税の所得や退職所得に対する税はこの合計10％で計算しますが、株式譲渡所得・分離長期譲渡所得では市町村民税３％と都道府県民税２％（合計５％）、分離短期譲渡所得では市町村民税5.4％と都道府県民税3.6％（合計９％）で計算します。

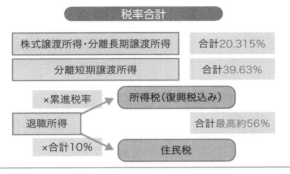

4. 法人から個人への贈与には所得税等がかかる

法人から個人への贈与があった場合、受け取った個人には所得税（復興税込み）と個人住民税がかかります。

法人から個人への贈与には主に次のケースがあり、それぞれ所得区分が異なるため、どの所得区分に該当するかの判断も必要です。

①　勤務している法人からの贈与：給与所得

②　勤務している法人からの贈与で退職を基因としたもの：退職所得

③　勤務していない法人からの贈与（業務に関するもの・継続的なものは除く）：
　　一時所得

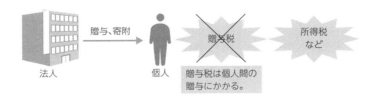

1. 確定申告する場合とは

　給与所得のみを有する者は大多数が勤務先の年末調整によりその年の所得税（復興税込み）が精算されるため、確定申告する必要はありませんが、たとえば、次のようなケースでは、翌年2月16日から3月15日までに、住所地の所轄税務署へ確定申告書の提出および納付を行う必要があります。

① 給与・賞与の年収が2,000万円超となる場合
② 給与を1カ所から受けており給与所得および退職所得以外の所得の金額の合計額（次のア）、イ）、ウ）、エ）などの合計額）が20万円超となる場合
　ア）非上場株式の株式譲渡所得
　イ）土地や建物の譲渡所得
　ウ）不動産所得
　エ）非上場会社から受け取る配当に係る配当所得※1
　　　なお、非上場会社（支払法人）から1回で受けるべき額が「10万円×配当計算期間※2月数÷12」以下の配当は選択により除外して確定申告できます※3。
　　※1　所得税（復興税込み）は配当金受取時に「配当金×20.42%」で差し引かれ（住民税は差し引かれません。）、支払法人により翌月10日までに納付されますが、これを確定申告で精算します。確定申告する必要がなければ、所得税（復興税込み）はこの源泉徴収により課税は完結しますが、住民税では総合課税されるため住民税の確定申告は必要です【2-3の5】。
　　※2　前回支払われた配当基準日の翌日から今回の配当基準日までの期間（最長12カ月）
　　※3　この少額配当を所得税（復興税込み）の確定申告で除外した場合でも、住民税では総合課税されるため配当所得から除外できません【5-2の2】。
③ 同族会社の役員（親族等も含む）がその同族会社から給与のほかに貸付金利息や不動産賃貸料等を受け取っている場合（これらの所得が20万円以下でも確定申告必要）

④ 退職金受取時に所得税（復興税込み）が「退職金×20.42％」で例外的に概算
徴収された場合※
※ 退職金にかかる税は退職金受取時に差し引かれ翌月10日までに支払法人が納
付することで原則として課税が完結しますが、この概算徴収された場合には確
定申告で精算します。

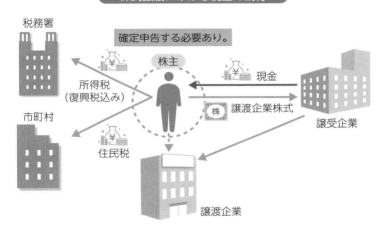

株式譲渡にかかる税金の納付

確定申告する必要あり。

税務署

株主

現金

所得税
（復興税込み）

株 譲渡企業株式

譲受企業

市町村

住民税

譲渡企業

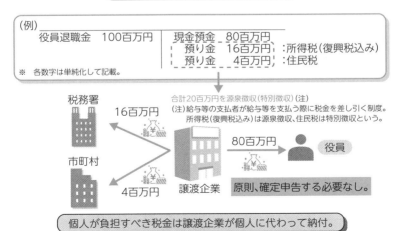

役員退職金にかかる税金の納付

（例）
役員退職金　100百万円	現金預金　80百万円
	預り金　16百万円：所得税（復興税込み）
	預り金　4百万円：住民税

※ 各数字は単純化して記載。

合計20百万円を源泉徴収（特別徴収）（注）
（注）給与等の支払者が給与等を支払う際に税金を差し引く制度。
所得税（復興税込み）は源泉徴収、住民税は特別徴収という。

税務署

16百万円

80百万円

役員

市町村

4百万円

譲渡企業

原則、確定申告する必要なし。

個人が負担すべき税金は譲渡企業が個人に代わって納付。

11

2. 個人住民税の申告は原則不要

　給与所得者の前年の給与収入については、勤務先が1月末までに給与支払報告書をその者の住所所在の市町村へ送付することで、市町村側はその給与収入を把握するため、住民税の確定申告は不要です。

　また、税務署へ所得税（復興税込み）の確定申告を行う場合には、税務署からその者の住所所在の市町村へ確定申告書が送られるため、別途、住民税の確定申告は不要です【2−3の5】。

　いずれにせよ、市町村側が個人住民税の税額を決定します。

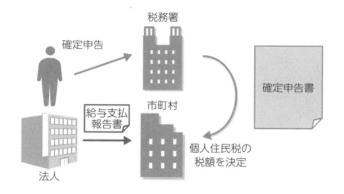

3. 個人住民税の納付方法は2つある

　個人住民税の納付方法は次の2通りがあります。給与所得のみ有する者は原則として（1）となりますが、給与・公的年金等に係る所得以外の所得（非上場株式の譲渡所得など）にかかる住民税の納付方法は、所得税の確定申告書上で（1）（2）いずれかを選択でき【2−3の4】、（1）を選択した場合、給与所得にかかる住民税に上乗せされて徴収されます。

　なお、退職金にかかる住民税は退職金受取時に天引きされ、翌月10日までに会社（支払法人）が退職金を受け取る者の住所所在の市町村へ納付します。

（1）特別徴収（給与天引きの形で納付する方法）

① 所得発生年の翌年6月に、特別徴収義務者（給与支払者：会社）を通じて、市町村より本人に通知が来ます。

② 所得発生年の翌年6月からその翌年5月までの毎月の給与支払時に天引きされ、会社が代わって納付します。

（2）普通徴収（自分で納付する方法）

① 所得発生年の翌年6月に、市町村より直接本人に通知が来ます。

② 納期限は通常、6月末・8月末・10月末・1月末の4期となり、一括で納付することもできます。

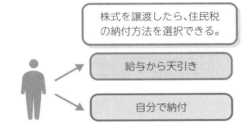

株式を譲渡したら、住民税の納付方法を選択できる。

給与から天引き

自分で納付

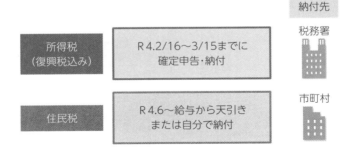

R3.1に株式譲渡による所得が発生した場合

		納付先
所得税（復興税込み）	R4.2/16～3/15までに確定申告・納付	税務署
住民税	R4.6～給与から天引きまたは自分で納付	市町村

1

全体像と税務の基礎

2
3
4
5
6
7
8
9
10
11
12
13
14
15

1-5 法人に課される税（主なもの）

・法人税は「所得金額×税率」で算出。
・法人事業税所得割は「所得金額×税率」で算出。
・法人住民税法人税割は「法人税×税率」で算出。

法人に課される税（主なもの）一覧

	税目	税目内訳	内容	税額算出概要	備考	管轄
国税	法人税	－	所得に応じて負担。	所得金額×23.2%	資本金1億円以下の法人では年800万円以下の所得には軽減税率適用。	税務署・国税局
	消費税	－	商品の販売、サービス提供等にかかる。	売上等収入にかかる仮受消費税－（仕入等支払にかかる仮払消費税と中間納付）⇨＋なら納付、－なら還付	地方消費税と併せて申告納付。	
	印紙税	－	20種類の課税文書作成者に課税。	印紙税法別表第一に応じて課税	文書に貼付、消印することで納付。	
	地方法人税	－	所得に応じて負担。	法人税額×10.3%	法人税と併せて申告納付。	
	登録免許税	－	役員変更、不動産取得、資本金増加等の登記を行う際負担。	○不動産の所有権移転登記 建物：固定資産税評価額×2% 土地：固定資産税評価額×2%※	※土地売買の場合は1.5%（令和5年4月～2%）。	法務局
	特別法人事業税	－	所得に応じて負担。	所得割×税率 ※令和元年10月以後開始事業年度から	法人事業税と併せて申告納付。	都道府県
地方税	法人事業税	所得割	所得に応じて負担。	所得金額（法人税に準拠）×税率	－	

	税目	税目内訳	内容	税額算出概要	備考	管轄
地方税	自動車税 種別割	―	4/1時点の自動車保有者にかかる。	排気量、車種、用途等により税額が決まる	都道府県が税額決定。	都道府県
	不動産取得税	―	不動産取得者が負担。	固定資産税評価額×住宅以外の建物4%、土地3%（令和6年4月〜 4%）	令和6年3月まで、宅地評価土地は、「固定資産税評価額×1/2×3%」。	
	自動車税 環境性能割	―	自動車取得者が負担。	課税標準額×税率	課税標準額が50万円以下なら免税。	
	法人住民税	法人税割	所得に応じて負担。	法人税額×税率	都道府県民税	
		均等割	所得にかかわらず負担。欠損でもかかる。	資本金等の金額区分に応じてかかる。		
		法人税割	所得に応じて負担。	法人税額×税率	市町村民税	市町村
		均等割	所得にかかわらず負担。欠損でもかかる。	資本金等と従業員数の区分に応じてかかる。		
	固定資産税	―	1/1時点の土地、建物の保有者にかかる。	固定資産税課税標準額×1.4%（原則）	3年ごとに評価額を見直し。	
	都市計画税	―	1/1時点の市街化区域内にある土地、建物の保有者にかかる。	都市計画税課税標準額×0.3%（上限）	固定資産税と併せて納付。	
	償却資産税	―	1/1時点の建物附属設備、機械、器具備品等の事業用の償却資産の保有者にかかる。	課税標準額×1.4%（原則）	1/末までに自己申告後市町村が税額決定。固定資産税の一種。課税標準額が150万円未満なら免税。	
	事業所税	資産割	人口30万人以上の市等が1,000㎡超または100名超の事業所に課す税	事業所床面積(㎡)×600円	自己申告する。1,000㎡以下なら免税。	
		従業者割		従業者給与総額×0.25%	自己申告する。100名以下なら免税。	

(注) 資本金1億円以下の法人を前提に記載しています。
(注) 東京23区では、上記の「市町村」管轄の税目について東京都が管轄しています。

国税とは国がかける税金

地方税とは都道府県、市町村がかける税金

15

1-6 法人の所得にかかる税金

ポイント

- ・法人の所得には法人税等がかかる。
- ・法人税は税引後当期純利益に調整を加えた所得金額から算出。
- ・法人税率は資本金1億円以下の法人では軽減されている。

1.法人の所得には法人税等がかかる

　法人の所得（儲け）には、法人税（地方法人税含む）・法人住民税（都道府県民税、市町村民税）の法人税割・法人事業税の所得割（特別法人事業税含む）が事業年度単位でかかります。

2.法人税の算出方法

（1）所得金額を算出

　法人税申告書の別表四で会計上の税引後当期純利益をスタートに、加算調整、減算調整を加えて税務上の所得金額を算出します。この調整は、「会計上は『費用』だが税務上は『損金』とできない」「会計上は『収益』だが税務上は『益金』としない」など、会計上の「利益」を税務上の「所得」に調整するためのものです。

別表四
- 税引後当期純利益
- 加算調整
- 減算調整
- 所得金額

（2）法人税額を算出

　別表一（一）で上記（1）の所得金額に法人税率（後掲「4.」参照）を乗じ、中間納付額等を控除して納付額を算出します。

3. 法定実効税率とは

（1）内容

　法人税と法人事業税所得割は「所得金額×税率」、地方法人税と法人住民税法人税割は「法人税額×税率」、特別法人事業税 は「法人事業税所得割額（標準税率※による）×税率」で算出するため、法人税等の税額算出の基になるのは「所得金額」です。

　これらの法人税等をまとめて、法人の所得金額に対して合計何％の税額がかかるかという税率を「法定実効税率」と呼んでいます。

※　都道府県・市町村が地方税を課税する際に原則的に用いる税率。この税率を超える税率で課税する場合でも「制限税率」（上限の税率）までとする必要がある。

（2）税率

　資本金1億円以下の法人を例にすると、実際には所得金額等によっても変わってはくるものの、各事業年度の法定実効税率（標準税率による）は約34％となり、企業評価や事業計画作成時に考慮が必要です。

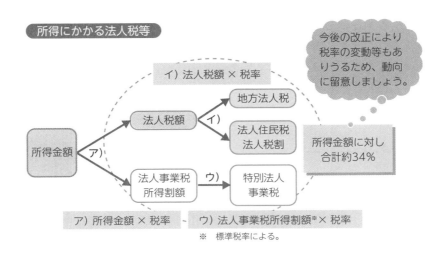

所得にかかる法人税等

イ）法人税額 × 税率

所得金額 ─ア）─ 法人税額 ─イ）─ 地方法人税 ／ 法人住民税法人税割

所得金額 ─ア）─ 法人事業税所得割額 ─ウ）─ 特別法人事業税

ア）所得金額 × 税率　　ウ）法人事業税所得割額※× 税率

※　標準税率による。

今後の改正により税率の変動等もありうるため、動向に留意しましょう。

所得金額に対し合計約34％

1　全体像と税務の基礎

▶ 4. 法人税率は資本金１億円以下の法人で軽減

　法人税率は平成30年４月以後開始事業年度から23.2%を適用します。

　ただし、資本金１億円以下の中小法人では年800万円以下の所得には、令和５年３月までの開始事業年度は15%（その後は19%）を適用します。

　つまり、次のように法人税額を算出します。

① **資本金１億円以下の普通法人**

　　所得金額のうち800万円までの額×15%（本則19%）

　　所得金額のうち800万円を超える額×23.2%

② **資本金１億円超の普通法人**

　　所得全額×23.2%（従前23.4%）

　なお、留意点等は【11−2、12−1の5、13−1の5】をご参照ください。

▶ 5. ２カ月以内の申告と納付

　法人は、前記「1.」法人税等の各確定申告書を決算日後２カ月以内に税務署・都道府県・市町村へ提出し、納付しなければなりません。申請により１カ月間の申告期限延長が認められていますが、納付は２カ月以内とする必要があるため留意が必要です。

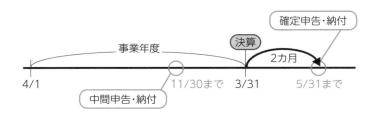

▶ 6. 法人税と地方法人税は同一の申告書

　法人税と地方法人税は同一の申告書で所轄税務署へ申告します。

7. 法人事業税と都道府県民税は同一の申告書

　法人事業税（特別法人事業税含む）と法人住民税（都道府県民税）は同一の申告書で事務所所在の都道府県へ申告します。

8. 複数の県、市に事務所があれば申告書も分かれる

（1）内容

　2以上の都道府県に事務所を有する法人は、法人事業税および都道府県民税の課税標準（税率を乗じるもとの金額）の総額を各都道府県に按分・税額算出後、それぞれに申告納付します。

　同様に、2以上の市町村に事務所を有する法人は、市町村民税の課税標準の総額を各市町村に按分・税額算出後、それぞれに申告納付します。

（2）資料収集の際に確認

　複数の都道府県・市町村に事務所を有する法人は、その都道府県の数分、市町村の数分の申告書が存在するため、必要資料として取り寄せる際には確認が必要です。なお、東京23区では、市町村民税は都民税申告書でまとめて申告納付されるため、市町村民税申告書はありません。

(例) A県a市、B県b市・c市に事務所が所在する。

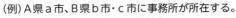
→ :申告書提出・納付先

【参考】課税標準の按分方法

　法人住民税（都道府県民税、市町村民税）は従業者の数により、法人事業税は業種に応じて定められた基準（従業者や事務所の数等）により、課税標準の総額を按分します。

1-7 法人課税において押さえておきたい基礎知識

ポイント

- ・役員退職金を損金算入するには実態上も退任する必要あり。
- ・欠損金の未使用額は翌期以降繰越可能。
- ・法人株主が受け取った配当金は一定額が非課税。

1. 役員報酬（役員賞与含む）

① 役員賞与は支給額全額が損金不算入。

② 事前確定届出給与の届出※を事前に税務署に提出しその金額どおりに支給した役員賞与であれば過大金額部分を除き損金算入。届出額と支給額が不一致であれば、支給額全額が損金不算入。

※ 所定の時期に確定額（例：100万円）の役員賞与を支給する旨の届出。

③ 税務上、期中での役員報酬の増減には、（ア）期首から3カ月以内の改定、（イ）職制上の地位の変更・職務内容の重大な変更等による改定、（ウ）経営状況の著しい悪化等による減額改定の3つを除き一定の制限をかけています。

このイメージは次のとおりです。3月決算の会社で5月の定時株主総会で6月報酬から100万円へ通常改定し、11月臨時株主総会で12月報酬からの報酬改定（（イ）（ウ）による改定を除く）決議を行うものとします。

a）増額

「（140万円－100万円）×4カ月＝160万円」が損金不算入。

なお、6月から通常改定がなかった場合（6月以降も80万円、12月から140万円）、「（140万円－80万円）×4カ月＝240万円」が損金不算入。

b）減額

```
                40万円
  80万円                                  60万円
        60万円
  4月    6月              12月        3月
```

「（100万円－60万円）×6カ月＝240万円」が損金不算入。

なお、6月から通常改定がなかった場合（6月以降も80万円、12月から60万円）、「（80万円－60万円）×6カ月＝120万円」が損金不算入。

2．役員退職金は適正額までは損金算入

役員退職金は、「最終報酬月額×勤続年数×役位に応じた功績倍率（例：代表取締役：3.0程度まで、平取締役：2.0程度まで、監査役：1.5程度まで）」を税務上の損金算入限度額のいったんの目安にすることが多く、これを上回る金額を支給する場合には、上回る金額部分が損金不算入とされる可能性があります【3－6の1】。

| 最終報酬月額 | × | 勤続年数 | × | 功績倍率 |

3．役員退職金を損金算入するなら実態上も退任

退職した役員は、一定期間だけ業務引継ぎのため会社に顧問等として残るケースが多くあります。役員退職金を損金算入するためには、経営上の主要な地位から外れることを必須とし、必須ではないものの報酬も従前の金額からおおむね半額以下にしておくとより安全といえます。

実態上、経営上の主要な地位から外れていないと判断された場合、譲渡企業側では全額が役員賞与扱いとして損金不算入・源泉徴収漏れ、受け取る役員側でも給与所得扱いとされます【3－5】。

実質的に経営上の主要な地位から外れていないと・・・

役員賞与として
損金不算入！

譲渡企業
源泉徴収漏れが発生

役員退職金

役員

給与所得課税！

4. 欠損金の未使用額は繰越可能

青色申告法人[※1]では１事業年度中に発生した損金が益金を上回った場合、その上回った欠損金部分は翌期以降一定年数[※2]繰り越し、古い年度に生じたものから順番に翌期以降に生じた所得に充当（所得からマイナス）できます。法人税と法人事業税において同様です。

※1　各種の税務上の特典を受けるための税務署による承認を受けた法人。
※2　一定年数は、次のように欠損金が生じた年度に応じ異なります。
①　平成20年４月以後終了事業年度発生分：９年
②　平成30年４月以後開始事業年度発生分：10年

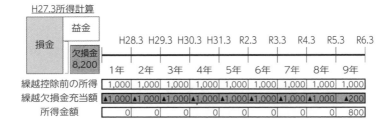

	H28.3	H29.3	H30.3	H31.3	R2.3	R3.3	R4.3	R5.3	R6.3
	1年	2年	3年	4年	5年	6年	7年	8年	9年
繰越控除前の所得	1,000	1,000	1,000	1,000	1,000	1,000	1,000	1,000	1,000
繰越欠損金充当額	▲1,000	▲1,000	▲1,000	▲1,000	▲1,000	▲1,000	▲1,000	▲1,000	▲200
所得金額	0	0	0	0	0	0	0	0	800

5. 資本金１億円以下の法人では 所得全額に繰越欠損金を充当可

資本金１億円以下の法人であれば繰越控除前の所得金額全額に繰越欠損金を充当できます。

しかし、次の法人では、繰越控除前の所得金額の50％までしか繰越欠損金を充当できません。この取扱いも法人税と法人事業税において同様です。

①　資本金１億円超の法人（平成27年４月以後開始事業年度から、設立後７年間はこの一定額の制限なし）

②　資本金５億円以上の法人による完全支配関係がある法人（100％子会社等）【11－2】

③　完全支配関係がある複数の資本金５億円以上の法人に100％保有されている法人　【11－2】

資本金1億円超の法人等

控除前所得

控除前所得
×50%

繰越欠損
充当可能額

譲受企業が資本金5億円以上で100％株式譲渡の場合は、
譲渡企業の繰越欠損金が所得の50％までしか使用できなくなる。

令和3年度税制改正において、認定を受けた事業適用計画に従って行った投資の金額の範囲内で、2年間で生じた欠損金[※]を繰越控除前の所得金額の最大100％まで充当できる時限措置が設けられています。
※　令和2年4月1日〜令和3年4月1日までの期間内の日を含む事業年度（一定の場合、令和2年2月1日〜同年3月末までの間に終了する事業年度およびその翌事業年度）に生じた青色欠損金

資本金1億円以下の法人

資本金1億円以下の法人には税制上の各優遇制度がある。

法人税の軽
減税率適用

繰越欠損金
の控除限度
なし

‥‥

1 全体像と税務の基礎

2
3
4
5
6
7
8
9
10
11
12
13
14
15

23

6. 法人株主が受け取った配当は一定額が非課税

(1) 内容

　法人株主が配当金やみなし配当（【5−5】。自己株買い※に応じた際等に発生）を受け取った場合には、これらは課税済みの利益から支払われるため、支払法人との二重課税を防止する観点から「受取配当の益金不算入」という非課税措置が定められています。総合課税される個人とは異なり、この措置があるため、法人株主の場合はM&A前の事前の株価圧縮手法等として効果があります。

※　株式の発行会社がその株主から自社の株式を買い取ること。貸借対照表上、純資産の部にマイナス金額として表示される。

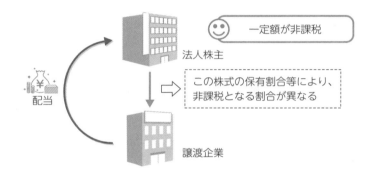

(2) 非課税となる割合

　非課税となる割合（益金不算入割合）は、次のとおり法人株主が保有している株式の区分（保有割合等）に応じて異なります【5−6】。

保有割合	益金不算入割合
100%	100%
1／3超	
5％超1／3以下	50%
5％以下	20%

※　保有期間等の要件は記載省略。

7.法人株主では配当金の所得税等は 法人税から控除

　非上場会社が配当金を支払う場合には、配当金の20.42％を所得税（復興税込み）として差し引いて支払い、その所得税（復興税込み）を翌月10日までに税務署へ納付します。

　一方で、配当金を受け取った法人株主は、この源泉徴収税額を損金不算入としたうえで、法人税額から税額控除できます【5−2の2】。

現金預金	7,958千円	受取配当金	10,000千円
法人税住民税及び事業税	2,042千円		

次の①・②いずれかの処理を選択します。
① 配当計算期間（※ア）中の元本保有期間分を損金不算入し法人税から税額控除（控除しきれない金額は還付）、残りは損金処理（※イ）
② 全額を損金処理（※イ）

（※ア）前回支払われた配当基準日の翌日から今回の配当基準日までの期間（最長12カ月）
（※イ）法人事業税所得割の計算では損金不算入処理

8.100％子会社からの現物分配は無税で行える

　子会社から親会社へ土地等の現物を配当することもできます。100％子会社から親会社への現物配当であれば配当する側、受ける側いずれも無税で実施できるため、M＆A前の事前の株価圧縮手法等として効果があります【6−1】。

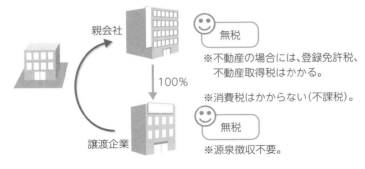

親会社

無税

※不動産の場合には、登録免許税、不動産取得税はかかる。

100％

※消費税はかからない（不課税）。

無税

譲渡企業

※源泉徴収不要。

25

9. 租税公課（損金となるもの、ならないもの）

　租税公課のうち損金となるもの、損金とならないものの主なものは次のとおりです。

損金となるもの（主なもの）

税　目	損金算入時期
法人事業税	納税申告書を提出した期。
特別法人事業税	
事業所税	
不動産取得税	賦課決定のあった期。ただし、納期開始日または納付した期で損金経理した場合にはその期。
自動車税種別割	
固定資産税（都市計画税含む）	
利子税	納付した期。ただし、期間対応額を損金経理により未払計上したときはその期。
地方税申告期限延長に係る延滞金	

損金とならないもの（主なもの）

税　目	備　考
法人税	—
地方法人税	
法人住民税	
加算税、加算金	罰金関係は損金算入不可。
延滞税、延滞金	
罰金、科料、過料	
法人税額から控除する所得税・復興税	法人税額から税額控除する場合には損金算入不可。

> 所得にかかる法人税等【1－6の1・3】のうち損金算入できるのは法人事業税(特別法人事業税含む)のみ。

10. 清算事業年度では設立当初からの欠損金が使用できる

（1）清算事業年度の申告納付

　株主総会で解散決議を行うと、その翌日から清算事業年度が開始され1年ごとに決算を締め、確定申告・納付を行います。所得の算出方法も通常の事業年度と同様です。

26

（2）期限切れ欠損金の使用

　清算事業年度特有の最も代表的な取扱いは、各清算事業年度末で実質債務超過であれば、設立当初からの欠損金（最長10年間使用可能な繰越欠損金＋期限切れ欠損金※）を使用できることです。これは残余財産がない会社に対して債務免除益課税等が生じないよう設けられた制度です。

※　使用期限が切れた欠損金のこと。

① 期限切れ欠損金

　法人税申告書上の次のア）からイ）を控除した金額です。

　ア）設立当初からの欠損金

　　適用年度の別表五（一）Ⅰの「期首現在利益積立金額①」の「差引合計額（31欄）」の「△金額」の「△」をとった正の金額※

　　※　税務上の資本金等がマイナスの場合、「△」をとった正の金額を加えた金額。

　イ）適用年度期首の別表七（一）の繰越欠損金残高

② 使用制限はなし

　1億円超の法人や資本金5億円以上の法人の100％子会社等では所得金額の50％までしか繰越欠損金を使用できません【1-7の5】が、この期限切れ欠損金にはそのような使用制限はありません。

③ 繰越欠損金から先に控除

　繰越欠損金がある場合には、まず繰越欠損金を使用し、その次に期限切れ欠損金を使用します。

④ 法人事業税も同様

　法人税と同様に期限切れ欠損金を使用できます。

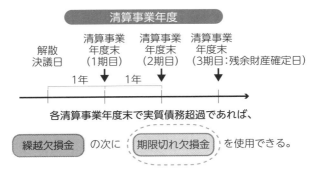

27

1-8 譲受企業次第で適用できなくなる制度がある

ポイント

・譲受企業の資本金とグループ通算制度適用の有無を確認すべき。
・資本金１億円超、５億円以上なら優遇規定の一部が適用不可。
・通算グループ加入なら含み損益が実現、繰欠切捨ての場合あり。

1．譲受企業が資本金１億円超の場合

　資本金１億円超の譲受企業に２分の１以上の株式を譲渡した場合には、中小企業の優遇規定のうち一部が適用できなくなります【11−1】。

　代表的なものは次のとおりです。

①　取得価額30万円未満の減価償却資産の一括損金処理（合計額で年間300万円が上限。令和４年３月取得分までの処理）

②　機械等を取得した場合の特別償却・法人税額の特別控除（令和５年３月取得分までの処理）

2．譲受企業が資本金５億円以上の場合

　資本金５億円以上の譲受企業に100％の株式を譲渡した場合には、上記の資本金１億円超の場合に適用できなくなる規定に加えて、中小企業の優遇規定のうち一部が適用できなくなります【11−2】。

　代表的なものは次のとおりです。

①　年800万円以下の所得への法人税の軽減税率の適用【1−6の4】

②　繰越欠損金の所得金額全額への充当【1−7の5】

3．譲受企業が通算グループの場合

　グループ通算制度（【13−1の1】）を選択適用している外部の譲受企業グループに100％の株式を譲渡した場合には、次の点にはご留意ください。

①　グループ内のいずれかの法人が資本金１億円超の場合には、譲渡企

業が資本金1億円以下であっても中小企業の優遇規定が適用できなく
なります【13-1の5】。

② 　譲渡企業は通算グループに加入することになり、加入日前で決算を
締めて、税務申告および納税を行う必要があります【13-2の2】。

③ 　要件を満たさなければ、譲渡企業の土地などの評価損益が税務上実
現されるため、含み益があった場合には課税が生じます【13-3】。

④ 　要件を満たさなければ、譲渡企業の法人税における繰越欠損金は切
捨てとなりますが、法人事業税、法人住民税では切捨てになりません
【13-4】。

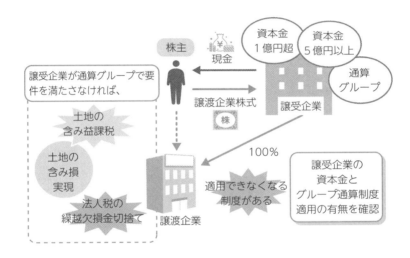

なお、譲受企業が連結納税適用グループの場合の留意点は、【12-1の5、
12-2の2、12-3、12-4】をご参照ください。

1-9　消費税の概要

1．税率

消費税と地方消費税を合わせ10％です。

2．消費税がかかる取引とは

（1）課税対象取引

消費税の課税対象取引は次の要件をすべて満たす取引と外国からの輸入取引となり、消費税は消費者が負担し事業者が納付します。

---
① 日本国内における取引

② 事業者が事業として行う取引：法人が行う取引はすべて該当

③ 有償で行う取引

④ 資産の譲渡、資産の貸付け、サービスの提供

（2）取引の分類

①**大分類**　上記（1）を満たす課税対象取引とそれに該当しない取引（不課税取引）に分かれます。

②**中分類**　課税対象取引は、課税取引と非課税取引（その性格や社会政策的な配慮から非課税とされている取引）に分かれます。

③**小分類**　課税取引は、課税取引（文字どおり消費税がかかる取引）と輸出免税取引（外国で消費されるものには課税しないとする考え方に基づき消費税がかからない取引）の2つに分かれます。

なお、「不課税取引」「非課税取引」「輸出免税取引」は、消費税がかからないという意味では同じですが、その性質が異なります。

大分類	中分類	小分類	取引例	備考
課税対象取引	課税	課税	商品の販売、車両・建物・建物附属設備・ゴルフ会員権の譲渡、建物の貸付け、サービス提供に対する対価など。	消費税がかかる取引はこれのみ。
		輸出免税	日本国内から海外への商品の輸出、国際郵便、国際通信など。	0％課税と呼びます。課税売上割合算定上、売上高を分子にも算入。
	非課税	－	土地の譲渡、土地の貸付け、売上債権・貸付金・リサイクル預託金の譲渡、株式等の有価証券の譲渡、利子、保証料、保険料、社会保険医療、介護保険サービス、住宅の貸付けなど。	課税売上割合の算定上、売上高を分母にのみ算入。
不課税取引	－	－	配当金・補助金・助成金・保険金・保険解約返戻金・賠償金の受取り、給与・賞与・法定福利費・寄附金支払、減価償却費、貸倒損失、引当金繰入・戻入、除却損、為替差損益、賠償金支払、配当金支払、自己株買い）、国外取引（国外での商品の販売等）など。	対価性がない取引、国外取引。課税売上割合の算定上、考慮されない。

3. 課税売上割合とは

　課税売上割合とは次の算式による割合をいい、消費税の納付額を算出する際に必要となります。

$$\frac{課税売上高（税抜）＋　輸出免税売上高}{課税売上高（税抜）＋　輸出免税売上高　＋　非課税売上高}$$

　この算式の各売上高とは、課税対象取引のうち売上等収入項目（いわゆる収益項目）の取引高を指します。不課税取引を除いて考え、「課税売上高÷総売上高」という算式です。

4. どのように納付額を算出するのか

（1）消費税の納付額

　1事業年度中に売上等により預かった消費税（仮受消費税）から仕入等により支払った消費税（仮払消費税）と中間納付額を控除して算出します。次の2点がポイントです。

---

　① 　所得等に％を乗じて算出するわけではない。
　② 　次の各ケースに応じて仮受消費税から控除する仮払消費税の金額が異なり、ア）の場合には仮払消費税の全額が控除できるが、イ）の場合には仮払消費税のうち課税売上割合程度しか控除できない。
　　ア）課税売上割合95％以上かつ課税売上高5億円以下の場合
　　イ）課税売上割合が95％未満または課税売上高5億円超の場合

（注）控除する仮払消費税の計算において2期前の課税売上高が5,000万円以下の場合、
　　　簡易課税制度を選択できますが、ここでは説明を割愛します。

（2）地方消費税の納付額

　「年間消費税納付額×（地方消費税率／消費税率）－中間納付額」で算出します。

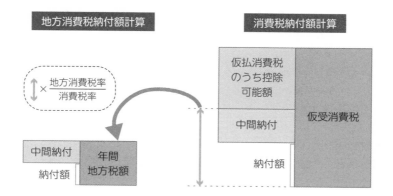

5.納税義務がない事業者とは

（1）免税事業者

　納税義務がない事業者（免税事業者）の意味は、免税事業者が行う取引には消費税がかからないわけではなく、該当すれば「納税しなくてもよい」という意味です。あくまでも課税取引には消費税はかかります。

（2）判定

　免税事業者となるのは次の①・②いずれにも該当する場合であり、事業者が法人であっても個人であっても同様の取扱いです。なお、個人の場合、事業年度を1月1日から12月31日までの暦年単位で捉えます。

---

① 第1判定　2期前の課税売上高※が1,000万円以下

　　1,000万円超ならこの時点で課税事業者となり、1,000万円以下なら②で判定します。

　　※　課税売上高（税抜額）と輸出免税売上高の合計額。②も同様。

② 第2判定　1期前上半期の課税売上高が1,000万円以下

　　なお、1期前上半期の課税売上高が1,000万円超となる場合であっても、①を満たし、1期前上半期の給与・賞与等支払額が1,000万円以下となる場合には免税事業者を選択できます。

消費税納税義務の判定

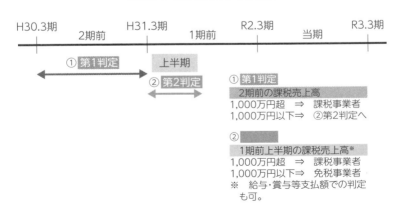

33

6.2カ月以内の申告と納付

　法人は、消費税（地方消費税含む）の確定申告書を決算日後２カ月以内に税務署へ提出し、納付しなければなりません。令和３年３月31日以後に終了する事業年度終了の日の属する課税期間から、申請により１カ月間の申告期限延長が認められていますが、納付は２カ月以内とする必要があるため留意が必要です。

7. 会計処理は消費税抜きまたは税込みを選択できる

　法人の会計処理は消費税抜きで行うか消費税込みで行うかを選択でき、いずれを選択したかは個別注記表や法人事業概況説明書の「経理の状況（４）」で確認できます。

　中間納付額を100、確定納付額を300（または還付される税額を200）とした場合の各時点の仕訳例は次のとおりです。

　なお、（１）と（２）の未払消費税等（または未収消費税等）の金額は、いずれも申告書㉖欄の確定納付額（または還付される税額）に一致します。

（１）消費税抜き

（中間納付時）				（期末時）　①　納付する場合			
仮払金	100	現金預金	100	仮受消費税等	900	仮払消費税等	500
						仮払金	100
						未払消費税等	300

（期末時）　②　還付される場合			
仮受消費税等	600	仮払消費税等	700
未収消費税等	200	仮払金	100

　仮受消費税等、仮払消費税等、中間納付額を処理した仮払金の３科目は（期末時）に相殺され各残高がゼロとなります。なお、（期末時）の貸借差額は雑収入や雑損失等で処理され、勘定科目内訳書にも「消費税貸借差額」等の表記で記載されます。

（2）消費税込み

（中間納付時）		
租税公課　100	現金預金　100	

（期末時）　① 納付する場合		
租税公課	300	未払消費税等　300

（期末時）　② 還付される場合		
未収消費税等	200	租税公課　100
		雑収入　100

　①の場合、1事業年度で発生した年税額400（中間納付額100＋確定納付額300）は、損益計算上「販売費及び一般管理費」の租税公課とされ、別表五（二）「その他・損金算入のもの」欄に記載されます。

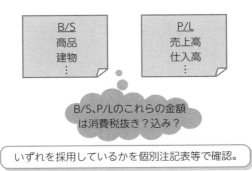

1-10 贈与税の概要

ポイント

・贈与税は個人間の贈与行為により贈与を受けた側に課される。

・贈与税の課税方法には2種類の方法がある。

・その課税方法のうち相続時精算課税の選択には注意が必要。

1. 個人から贈与を受けた個人にかかる

　贈与税は、個人間の贈与行為が行われた場合、贈与を受けた側の個人にかかる税金です。実務的には贈与を行う側と贈与を受ける側との間で贈与契約書を締結し、贈与行為が行われます。

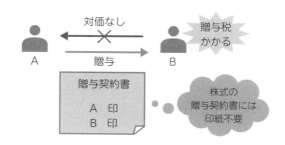

2. 贈与税の課税方法は2種類ある

	暦 年 課 税	相続時精算課税 (相続税・贈与税の一体化措置)
贈与者・ 受贈者	親族間のほか、第三者からの贈与を含む。	60歳[1]以上の親、祖父母から20歳[1,2]以上の子、孫への贈与。 ※1 贈与年の1月1日時点の年齢で判定 ※2 令和4年4月以後の贈与:18歳
選択	不要	必要 → 一度選択すると、当該特定贈与者からの贈与について相続時まで継続適用。贈与を受けた年の翌年2/1〜3/15までに贈与税申告書の提出と同時に届出書等を提出することで選択。
課税時期	贈与時	同左
計算期間・ 申告納付	1/1〜12/末の暦年単位で計算。贈与を受けた年の翌年2/1〜3/15までに申告・納付。	同左
控除	非課税枠(毎年):110万円	非課税枠(合計):2,500万円
税率	10%〜55%	一律20%
計算法	(時価−110万円)×累進税率	(時価−2,500万円)×20%
時価	上記計算式の時価は、原則として財産評価基本通達に基づく価額。	同左
贈与者の 相続時	相続開始3年以内の贈与財産を贈与時の時価で相続財産に合算のうえで、相続税を計算し、贈与税を相続税から控除します。なお、相続税額を超えて納付した贈与税は還付されません【1−13の3】。	贈与財産を贈与時の時価で相続財産に合算のうえで、相続税を計算し、贈与税を相続税から控除します。なお、相続税額を超えて納付した贈与税は還付されます【1−13の3】。

非課税枠や税率に大きな違いがある。

3. 暦年課税の具体的な贈与税計算方法

　暦年課税の贈与税の計算における税率表は、次の２つに分かれます。いずれも最高税率は55%ですが、①のほうが税負担は軽減されています。

① 直系尊属（父母や祖父母）から、贈与年の１月１日時点で20歳※以上の者への贈与：［特例税率］を使用

　　※ 令和４年４月以後の贈与：18歳

② ①以外の贈与：［一般税率］を使用

　①・②いずれも「贈与財産の評価額−110万円」を課税価格とし、次の速算表に当てはめ税額を計算します。

贈与税の税率表（暦年課税）

① ［特例税率］ 直系尊属から１/ １時点で20※歳以上の者への贈与
※ 令和４年４月以後の贈与：18歳

課税価格（A）		税率（B）	控除額（C）	税額＝（A）×（B）−（C）
	200万円以下	10%	−	（A）×10%
200万円超	400万円以下	15%	10万円	（A）×15%− 10万円
400万円超	600万円以下	20%	30万円	（A）×20%− 30万円
600万円超	1,000万円以下	30%	90万円	（A）×30%− 90万円
1,000万円超	1,500万円以下	40%	190万円	（A）×40%−190万円
1,500万円超	3,000万円以下	45%	265万円	（A）×45%−265万円
3,000万円超	4,500万円以下	50%	415万円	（A）×50%−415万円
4,500万円超		55%	640万円	（A）×55%−640万円

② ［一般税率］ ①以外の贈与

課税価格（A）		税率（B）	控除額（C）	税額＝（A）×（B）−（C）
	200万円以下	10%	−	（A）×10%
200万円超	300万円以下	15%	10万円	（A）×15%− 10万円
300万円超	400万円以下	20%	25万円	（A）×20%− 25万円
400万円超	600万円以下	30%	65万円	（A）×30%− 65万円
600万円超	1,000万円以下	40%	125万円	（A）×40%−125万円
1,000万円超	1,500万円以下	45%	175万円	（A）×45%−175万円
1,500万円超	3,000万円以下	50%	250万円	（A）×50%−250万円
3,000万円超		55%	400万円	（A）×55%−400万円

【国税庁ＨＰ＞タックスアンサー（よくある税の質問）＞贈与税＞贈与と税金＞贈与税の計算と税率（暦年課税）】

4. 相続時精算課税とは

(1) 内容

　相続時精算課税は、いったん贈与税として課税しますが、贈与者に相続が発生した場合に、贈与時の財産評価を相続税の課税対象に加え相続税として再計算・精算するという課税方法です。

　課税方法としては、暦年課税が通常で、相続時精算課税は適用要件を満たし選択してはじめて適用できるという位置付けです。

(2) 主なメリット

① 　非課税枠が2,500万円（たとえば、父母それぞれからの贈与に適用すると合計5,000万円）と大きく、税率も20％と定率であるため、一時的な贈与税負担を考えると暦年課税よりもよい手法といえます。

② 　業績が右肩上がりの会社であれば、年々株式の評価額は大きくなるため、株式の評価が低い時期に贈与すれば、贈与時の低い評価額で将来の相続税の課税対象額を固定できます。

(3) 主なデメリット

① 　将来の株価の予測はむずかしく、株価が下がることもありうるため、贈与時の高い評価額が相続税の課税対象額となってしまうリスクがあります。

② 　一度適用するとその贈与者からの贈与は暦年課税に戻せません。

③ 　贈与者より受贈者が先に死亡した場合、受贈者の相続人は、この制度の適用に伴う権利義務を承継するため、受贈者の死亡時と贈与者の死亡時に贈与財産について二重に相続税を負担するリスクがあります。

> メリットとデメリットを検討のうえ、慎重に選択する。

1

全体像と税務の基礎

39

1-11 贈与行為を受けた場合の税金まとめ

ポイント

・法人から個人への贈与には所得税等がかかる。

・個人から個人への贈与には贈与税がかかる。

・法人への贈与には法人税等がかかる。

1. ケースごとにかかる税が異なる

　贈与行為（低額譲受け、高額譲渡を含む）があった場合に、受け取った側には受贈益部分※にそれぞれ次の税がかかります。

※　時価よりも安く譲り受けた場合の低額譲受けでは時価と譲受価額との差額、時価よりも高い金額で譲渡した場合の高額譲渡では譲渡価額と時価との差額。

（1）**法人から個人への贈与**：所得税（復興税込み）・個人住民税

　　主に次の所得区分になります。

　　① 勤務している法人からの贈与：給与所得

　　② 勤務している法人からの贈与で退職を基因としたもの：退職所得

　　③ 勤務していない法人からの贈与（業務に関するもの・継続的なものを除く）：一時所得

（2）**個人から個人への贈与**：贈与税

（3）**法人または個人から法人への贈与**：法人税（地方法人税含む）・法人住民税・法人事業税（特別法人事業税含む）

低額譲受け （例）　時価1,000のものを100で買取り

> 900の受贈益を受けたと考える。

高額譲渡 （例）　時価200のものを800で売却

> 600の受贈益を受けたと考える。

2. 個人から法人への贈与、低額譲渡には注意

（1）法人：受贈益課税

譲り受けた法人側で時価と譲受価額との差額が受贈益課税されます。

（2）個人：みなし譲渡

個人が譲渡所得等の基因となる資産を法人へ贈与した場合や時価の2分の1未満で低額譲渡をした場合には、「みなし譲渡」という取扱いとなり、時価で譲渡したものとみなして、譲渡した個人に所得税（復興税込み）・個人住民税がかかります。これはその資産を法人課税に移行するにあたり、個人時代のキャピタル・ゲインを個人側で精算するという考え方に基づいた制度です。

（3）株主：みなし贈与

個人が同族会社である法人へ贈与や低額譲渡をしたことにより、株主の株式価値が増加する場合には、個人と株主が同一人でなければ、個人から株主への贈与税課税リスクがあるため留意が必要です。

なお、贈与等をした後でも株価がゼロの場合には、価値の増加がないとされこの贈与税課税は生じません。

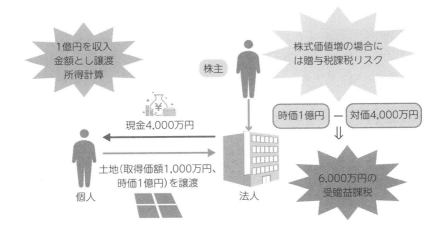

1-12 相続について最低限知っておきたい民法知識

ポイント

- ・配偶者はつねに相続人となれる。
- ・血族相続人には相続する順番がある。
- ・M&A前に相続が発生した際には、株式の相続人を早期に決める。

1. 誰が相続人となれるのか

配偶者	つねに相続人
+	
子（死亡している場合は孫、孫が死亡している場合はひ孫という直系卑属）	第1順位
父母（死亡している場合は祖父母という直系尊属）	第2順位
兄弟姉妹（死亡している場合はその子）	第3順位

　配偶者はつねに相続人となり、血族相続人は相続人となる順位に応じて相続します。

【順位の考え方】

① 第1順位の子などがいる場合には、配偶者と第1順位の子などが相続人、第1順位の子などがいない場合には、配偶者と第2順位の父母などが相続人、第2順位の父母などがいなければ、配偶者と第3順位の兄弟姉妹などが相続人となります。

② 上位の順位の者がいる場合には、後順位の者が相続人となることはありません。たとえば、第1順位の子がいる場合、父母や兄弟姉妹は相続人になれません。③の場合も同様です。

③ 配偶者がいない、または死亡している場合、血族相続人のみで順位に応じて相続します。

2.法定相続分とは

　遺言がなく相続人が複数いる場合には、相続人間の話合いにより相続分を決定しますが、その際の一つの目安となるのが民法で定められた「法定相続分」です。ただし、この法定相続分どおりに相続する必要はなく、話合いで決定したのであれば、特定の1人の相続人にすべてを相続させることなども可能です。

相続順位	相続人	法定相続分		備考
		配偶者あり	配偶者なし	
第1順位	配偶者	1/2	－	子が複数いれば、左記相続分を人数で均等割。配偶者ありで子が3人いれば、1/2×1/3が子1人分の相続分。
	子	1/2	1	
第2順位	配偶者	2/3	－	父母がいれば、左記相続分を人数で均等割。配偶者ありで父母がいれば、1/3×1/2が父母1人分の相続分。
	父母	1/3	1	
第3順位	配偶者	3/4	－	兄弟姉妹が複数いれば、左記相続分を人数で均等割。配偶者ありで兄弟姉妹が3人いれば、1/4×1/3が兄弟姉妹1人分の相続分。
	兄弟姉妹	1/4	1	

3.協議結果を遺産分割協議書に残す

　被相続人の財産は次のように分割されます。

---
① **遺言書がない場合**
　　相続人全員の協議により、誰が何を相続するかを決定し、その結果を全員が実印押印した遺産分割協議書※に残します。
　※　相続税の申告や不動産の名義変更の相続登記等にも必要となる重要書類。
② **遺言書がある場合**
　　遺言書の内容どおりに分割されます。しかし、この場合であっても相続人全員の同意があれば、①のように分割できます。

　オーナーがM&A前に死亡した場合には、譲渡企業株式の相続人を早期に決める必要があります。

　まずは遺言書を確認し、なければ株式の分割協議だけを先に行い協議結果を遺産分割協議書に残すという対応をとることが実務上多くあります。

4. 相続人には最低限の相続分がある

（1）遺留分とは

　遺言書は被相続人の意思を尊重するため基本的に優先されるべきものですが、たとえば、すべての財産を1人の子にのみ相続させるという内容である場合、他の子からするとあまりにも不利益です。

　このような事態を考慮し、民法では相続人に最低限の相続分を保証しています。これが「遺留分」です。

（2）権利者

　遺留分の権利がある者は兄弟姉妹以外の法定相続人（配偶者、子、父母などの直系尊属）となり、先順位の子がいる場合は後順位の父母などには遺留分はありません。

　なお、遺留分の権利がある者は、遺留分の侵害額請求を自ら行使してはじめて、遺留分を侵害している他の相続人等から遺留分の額の返還を求めることができます。

（3）遺留分の金額

　次の割合に法定相続分を乗じたものが各相続人の遺留分※となります。

※　相続人が配偶者と兄弟姉妹の場合は、配偶者の遺留分は1/2となります。

---

① 相続人が直系尊属のみの場合　　財産の3分の1
② ①以外の場合　　　　　　　　　財産の2分の1

（4）具体例

　相続人が配偶者と子ども2人の場合の遺留分は次のとおりです。

① 配偶者　1/2（上記（3）②の割合）×1/2
② 子A　　1/2（上記（3）②の割合）×1/2×1/2
③ 子B　　1/2（上記（3）②の割合）×1/2×1/2

（5）遺言書による定め

　子や父母などの直系尊属のいないオーナーが死亡した場合、遺言書により、譲渡企業株式すべてを配偶者に相続させると定めておけば、兄弟姉妹には遺留分がないため、遺言どおり相続させることができます。

5. 相続の放棄は3カ月以内に行う

(1) 相続の放棄等

被相続人の死亡により相続人に承継される財産には、プラスの財産だけでなく、マイナスの財産（借入金等の負債）も含まれます。

マイナスの財産のほうが大きい場合や被相続人の財産の全容が不明の場合には、相続人に著しく不利な状況となるおそれがあるため、相続開始があったことを知った時（一般的には死亡日）から3カ月以内に、家庭裁判所にて相続放棄または限定承認の手続を行うことができます。

---

① 相続放棄
　プラス・マイナスの財産すべてを相続しない手続
② 限定承認
　プラスの財産の範囲でマイナスの財産を相続する手続
③ 単純承認
　3カ月以内に①・②の手続をしなければ、自動的に単純承認となり、プラス・マイナスの財産すべてを相続します。

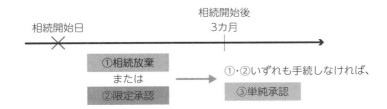

(2) 借入金の保証

被相続人である旧オーナーが金融機関借入金等の連帯保証人となっている場合には、その保証人の地位は法定相続分に応じて相続人に承継されます。

どうしてもこの地位を承継したくないのであれば、実務的には、相続放棄の手続をするか、早期にM&Aを実施し保証解除もしくは譲受企業等へ切り替える対応があるといえます。

1-13 相続税の概要

ポイント

・死亡日の翌日から10カ月以内に相続税を申告・納付する。
・非課税枠は「3,000万円＋600万円×法定相続人の数」。
・最高税率は55%。

1. 相続税は財産を引き継いだ者にかかる

　相続税は、死亡した人（被相続人）から財産を相続した者・遺言により
財産を取得した者が負担する税金です。

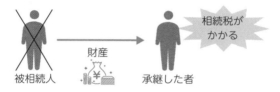

2. 死亡後から申告・納付までの流れ

　相続人は、相続開始があったことを知った日（一般的には死亡日）の翌
日から10カ月以内に被相続人の死亡当時の住所地の所轄税務署へ相続税の
申告および納付をしなければなりません。

　被相続人の死亡後から相続税納付までの流れは次のとおりです。

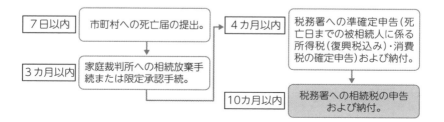

46

3. 相続税はどのように計算するのか

相続税の計算は、遺産の分割方法に左右されない税額計算を行うため、次のような特殊な流れとなります。

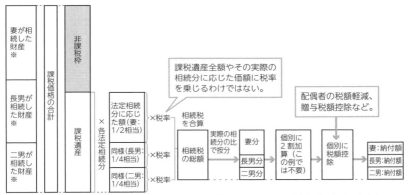

※ 被相続人から3年以内に贈与を受けたもの、相続時精算課税適用により贈与を受けたものを含む。
　非課税となるもの、被相続人の債務、葬式費用は控除。

（1）各人が相続した財産

各人が相続した財産の価額は、原則として財産評価基本通達に基づいた価額とし、次の①を加え②をマイナスした金額となります。

① **加えるもの**

被相続人からの次の各贈与につき贈与時の財産価額。

ア）暦年課税適用による、相続開始前3年以内の贈与。

イ）相続時精算課税適用による、過去に生じた贈与。

② **マイナスするもの**

非課税となるもの、被相続人の債務、葬式費用。

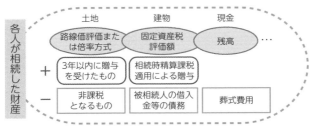

（2）基礎控除（非課税枠）

> 3,000万円 ＋ 600万円 × 法定相続人の数

　法定相続人の数は、相続の放棄をした人がいてもその放棄がなかったものとした場合の相続人【1−12の1】の数をいいます。

　配偶者と子2人の場合は法定相続人は3人となり、4,800万円が非課税枠となります。

（3）速算表を利用し税額を計算する

　税率は最高55%の累進税率になってはいるものの、所得税や贈与税のように課税対象額そのものに税率を乗じるのではなく、課税遺産の総額を法定相続分どおりに按分した後の金額それぞれに税率を乗じるため、相続人がいればいるほど税率は低くなりやすいといえます。

法定相続分に応ずる取得金額(A)		税率(B)	控除額(C)	税額＝(A)×(B)−(C)
	1,000万円以下	10%	−	(A)×10%
1,000万円超	3,000万円以下	15%	50万円	(A)×15% − 50万円
3,000万円超	5,000万円以下	20%	200万円	(A)×20% − 200万円
5,000万円超	1億円以下	30%	700万円	(A)×30% − 700万円
1億円超	2億円以下	40%	1,700万円	(A)×40% − 1,700万円
2億円超	3億円以下	45%	2,700万円	(A)×45% − 2,700万円
3億円超	6億円以下	50%	4,200万円	(A)×50% − 4,200万円
6億円超		55%	7,200万円	(A)×55% − 7,200万円

（4）相続税額の2割加算

　親、子、配偶者以外の者が相続・遺贈により財産を取得した場合には、その者が負担する相続税額は2割増の金額となります。よって、兄弟姉妹や孫などが財産を取得した場合には、この2割加算の対象となります。

　なお、子がいない場合に、相続人となった孫が取得した場合にはこの2割加算の対象外となります。

（5）配偶者の税額軽減

　配偶者の実際の相続財産が、課税価格の合計額のうち配偶者の法定相続分相当額または1億6,000万円のいずれか大きい金額までであれば、税額軽減措置が適用され配偶者に相続税はかかりません。

（6）贈与税額控除

前記（1）のように、被相続人からの相続開始前3年以内の暦年課税贈与や相続時精算課税贈与は、相続税の計算対象に含められることから、過去にかかった贈与税との二重課税を調整するため、納付済みの贈与税額を相続税額から控除できます。

なお、相続税から控除しきれない贈与税額は、相続時精算課税適用による場合は還付されますが、暦年課税適用による場合は還付されないため留意が必要です。

3年以内暦年課税贈与による贈与税	相続税		相続時精算課税贈与による贈与税	相続税
	還付されない ☹	←→		還付される ☺

MACafe

譲渡企業からオーナーへの非事業用資産の簿価譲渡

　　M&Aの際に、譲渡企業が保有するオーナー社長（以後、「オーナー」という）の私用車や遊休不動産をオーナーへ譲渡するケースが多くあります。その際に「時価」より低い「簿価」で売買した場合には、譲渡企業側では譲渡益の課税漏れ・源泉徴収漏れ、オーナー側では役員賞与扱いとして給与所得課税される点に注意が必要です【1－3の4、7－5】。

（1）例

　　時価1,000のものを簿価100で売買した場合、会計上の仕訳イメージは「資産」が「現金預金」に振り替わるのみ（次の上段の仕訳のみ）ですが、税務上の仕訳イメージは（下段も加えて）次のようになります。

現金預金	100	資産	100
役員賞与	900	譲渡益	900

　　つまり、譲渡企業側では、本来の時価1,000で売買が行われたとして譲渡益900が課税対象となると同時に役員賞与900に対する源泉徴収義務が発生し、オーナー側では、経済的利益を受けたとして900が給与所得の対象となります。

（2）消費税の課税漏れ

　　（上記（1）の例のように）資産を役員へ時価のおおむね50％未満で売買した場合（贈与した場合を含む）には、消費税法上も時価で売買したとみなすため、譲渡企業では、譲渡資産が建物など消費税がかかる資産であれば消費税の課税漏れにもご留意ください【7－2の2（4）】。

1-14　印紙税がかかる文書

- ・印紙税が課税される文書は20種類と限定的。
- ・株式譲渡契約書は課税文書ではないため印紙不要。
- ・株式譲渡代金受領書は法人発行で5万円以上なら200円の印紙。

1. 印紙税の課税文書と課税方法

(1) 内容

　印紙税が課税される文書は印紙税法別表第一（後掲「3.」参照）にあるとおり20種類と限定的です。この20種類を除いては、課税文書に当たらないため印紙税が課税されません。文書の内容や記載金額を確認し、別表第一に応じた印紙を貼り、消印することで納付します。

（例）

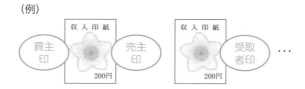

(2) 実質判断が必要

　文書のタイトルではなく実質的な内容を確認することが必要です。

　たとえば、覚書などのタイトルとなっていても、内容が売買契約等の課税文書に該当すれば印紙税がかかります。

（例）

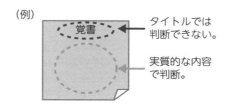

2. M&A時の作成文書の課税の有無

　株式譲渡スキームにおいて実務上作成する文書の課税の有無を確認しておきます。「○」は印紙必要、「×」は不要という意味です。

文書	印紙税の要否	備考
提携仲介契約書（譲渡側・譲受側）	×	委任契約となり、請負契約（2号文書）でもないため課税なし。
株式譲渡基本合意契約書	×	
株式譲渡契約書	×	
株式の贈与契約書	×	
株券受取書（法人が作成）	○	17号文書（2）。受取金額の記載のないもの：200円。
株式譲渡代金受領書（個人が作成）	×	
株式譲渡代金受領書（法人が作成）	○	17号文書（2）。記載金額5万円以上の場合：200円。
不動産売買契約書	○	1号文書。記載金額に応じて課税、軽減措置あり。
不動産譲渡代金受領書（個人が作成）	×	
不動産譲渡代金受領書（法人が作成）	○	17号文書（1）。記載金額5万円以上の場合は、記載金額に応じて課税。
車両・絵画・骨董品・機械売買契約書	×	車両売買契約書はリサイクル預託金の記載がないもの。
車両売買契約書（リサイクル預託金の記載あり）	○	15号文書。1通当たり200円。リサイクル預託金1万円未満のものは非課税。
ゴルフ会員権売買契約書（預託金形式）	○	15号文書。1通当たり200円。契約金額1万円未満のものは非課税。
ゴルフ会員権売買契約書（株式形式）	×	
船舶売買契約書	○	1号文書。記載金額に応じて課税。
債権譲渡契約書	○	15号文書。1通当たり200円。契約金額1万円未満のものは非課税。
車両・絵画・骨董品・機械・ゴルフ会員権（預託金形式）・船舶・債権の譲渡代金受領書（法人が作成）	○	17号文書（1）。記載金額5万円以上の場合は、記載金額に応じて課税。
ゴルフ会員権（株式形式）譲渡代金受領書（法人が作成）	○	17号文書（2）。記載金額5万円以上の場合：200円。
金銭消費貸借契約書	○	1号文書。記載金額に応じて課税。
その他株式決済時等に作成する次の文書（株券交付請求書/重要物品引渡書/重要物品受取書/譲渡承認請求書/譲渡承認通知書/名義書換請求書/各種議事録/就任承諾書/辞任届/株式譲渡契約締結の際の委任状、顧問契約書）	×	
株券	○	4号文書。券面金額※に応じて課税。 ※ 払込金額の記載のない場合は、当該株式会社の資本金および資本準備金の額を発行済株式数で除した金額に株数をかけた金額を券面金額とします。（例）500万円以下：200円
事業譲渡契約書	○	1号文書。記載金額に応じて課税。
合併契約書、吸収分割契約書、新設分割計画書	○	5号文書。1通当たり4万円。

3. 別表第一で必要な印紙税額を確認

【国税庁ＨＰ＞タックスアンサー（よくある税の質問）＞印紙税・その他の国税＞印紙税＞印紙税額の一覧表】で下記の別表第一の内容を確認できます。

　なお、執筆時点（令和3年9月）においても下記印紙税額が適用されています。

（国税庁ホームページより）

	印　　紙　　税　　額		
令和2年4月現在			
番号	文　書　の　種　類（物　件　名）	印紙税額（1通又は1冊につき）	主な非課税文書
①	**1 不動産、鉱業権、無体財産権、船舶若しくは航空機又は営業の譲渡に関する契約書** （注）無体財産権とは、特許権、実用新案権、商標権、意匠権、回路配置利用権、育成者権、商号及び著作権をいいます。 （例）不動産売買契約書、不動産交換契約書、不動産売渡証書など **2 地上権又は土地の賃借権の設定又は譲渡に関する契約書** （例）土地賃貸借契約書、土地賃料変更契約書など **3 消費貸借に関する契約書** （例）金銭借用証書、金銭消費貸借契約書など **4 運送に関する契約書** （注）運送に関する契約書には、傭船契約書を含み、乗車券、乗船券、航空券及び送り状は含まれません。 （例）運送契約書、貨物運送引受書など	記載された契約金額が 10万円以下のもの　　　　　　200円 10万円を超え 50万円以下のもの　　400円 50万円を超え 100万円以下 〃　　1千円 100万円を超え 500万円以下 〃　　2千円 500万円を超え 1千万円以下 〃　　1万円 1千万円を超え 5千万円以下 〃　　2万円 5千万円を超え 1億円以下 〃　　6万円 1億円を超え 5億円以下 〃　　10万円 5億円を超え 10億円以下 〃　　20万円 10億円を超え 50億円以下 〃　　40万円 50億円を超えるもの 〃　　60万円 契約金額の記載のないもの　　　200円	記載された契約金額が **1万円未満（※）**のもの ※ 第1号文書と第3号に該当する文書と第1号文書又は第2号文書とに該当する文書で第1号文書に所属が決定されるものは、記載された契約金額が1万円未満であっても非課税文書となりません。
①	上記の1に該当する「不動産の譲渡に関する契約書」のうち、平成9年4月1日から令和4年3月31日までの間に作成されるものについては、契約書の作成年月日及び記載された契約金額に応じ、右欄のとおり印紙税額が軽減されています。 （注）契約金額の記載のないものの印紙税額は、本則どおり200円となります。	【平成26年4月1日〜令和4年3月31日】 記載された契約金額が 50万円以下のもの　　　　　200円 50万円を超え 100万円以下のもの　　500円 100万円を超え 500万円以下 〃　　1千円 500万円を超え 1千万円以下 〃　　5千円 1千万円を超え 5千万円以下 〃　　1万円 5千万円を超え 1億円以下 〃　　3万円 1億円を超え 5億円以下 〃　　6万円 5億円を超え 10億円以下 〃　　16万円 10億円を超え 50億円以下 〃　　32万円 50億円を超えるもの 〃　　48万円 【平成9年4月1日〜平成26年3月31日】 記載された契約金額が 1千万円を超え 5千万円以下のもの　　15千円 5千万円を超え 1億円以下 〃　　45千円 1億円を超え 5億円以下 〃　　8万円 5億円を超え 10億円以下 〃　　18万円 10億円を超え 50億円以下 〃　　36万円 50億円を超えるもの 〃　　54万円	
②	**請負に関する契約書** （注）請負には、職業野球の選手、映画（演劇）の俳優（監督・演出家・プロデューサー）、プロボクサー、プロレスラー、音楽家、舞踊家、テレビジョン放送の演技者（演出家、プロデューサー）が、その者としての役務の提供を約することを内容とする契約を含みます。 （例）工事請負契約書、工事注文請書、物品加工注文請書、広告契約書、映画俳優専属契約書、請負金額変更契約書など	記載された契約金額が 100万円以下のもの　　　　　200円 100万円を超え 200万円以下のもの　　400円 200万円を超え 300万円以下 〃　　1千円 300万円を超え 500万円以下 〃　　2千円 500万円を超え 1千万円以下 〃　　1万円 1千万円を超え 5千万円以下 〃　　2万円 5千万円を超え 1億円以下 〃　　6万円 1億円を超え 5億円以下 〃　　10万円 5億円を超え 10億円以下 〃　　20万円 10億円を超え 50億円以下 〃　　40万円 50億円を超えるもの 〃　　60万円 契約金額の記載のないもの　　　200円	記載された契約金額が **1万円未満（※）**のもの ※ 第2号文書と第3号から第17号文書とに該当する文書で第2号文書に所属が決定されるものは、記載された契約金額が1万円未満であっても非課税文書となりません。
②	上記の「請負に関する契約書」のうち、建設業法第2条第1項に規定する建設工事の請負に係る契約に基づき作成されるもので、平成9年4月1日から令和4年3月31日までの間に作成されるものについては、契約書の作成年月日及び記載された契約金額に応じ、右欄のとおり印紙税額が軽減されています。 （注）契約金額の記載のないものの印紙税額は、本則どおり200円となります。	【平成26年4月1日〜令和4年3月31日】 記載された契約金額が 200万円以下のもの　　　　　200円 200万円を超え 300万円以下のもの　　500円 300万円を超え 500万円以下 〃　　1千円 500万円を超え 1千万円以下 〃　　5千円 1千万円を超え 5千万円以下 〃　　1万円 5千万円を超え 1億円以下 〃　　3万円 1億円を超え 5億円以下 〃　　6万円 5億円を超え 10億円以下 〃　　16万円 10億円を超え 50億円以下 〃　　32万円 50億円を超えるもの 〃　　48万円 【平成9年4月1日〜平成26年3月31日】 記載された契約金額が 1千万円を超え 5千万円以下のもの　　15千円 5千万円を超え 1億円以下 〃　　45千円 1億円を超え 5億円以下 〃　　8万円 5億円を超え 10億円以下 〃　　18万円 10億円を超え 50億円以下 〃　　36万円 50億円を超えるもの 〃　　54万円	
3	**約束手形、為替手形** （注）1 手形金額の記載のない手形は非課税となりますが、金額を補充したときは、その補充をした人がその手形を作成したものとみなされ、納税義務者となります。 2 振出人の署名のない白地手形（手形金額の記載のないものは除きます。）で、引受人やその他の手形当事者の署名のあるものは、その署名をした人がその手形を作成したことになります。	記載された手形金額が 10万円以上 100万円以下のもの　　200円 100万円を超え 200万円以下のもの　　400円 200万円を超え 300万円以下 〃　　600円 300万円を超え 500万円以下 〃　　1千円 500万円を超え 1千万円以下 〃　　2千円 1千万円を超え 2千万円以下 〃　　4千円 2千万円を超え 3千万円以下 〃　　6千円 3千万円を超え 5千万円以下 〃　　1万円 5千万円を超え 1億円以下 〃　　2万円 1億円を超え 2億円以下 〃　　4万円 2億円を超え 3億円以下 〃　　6万円 3億円を超え 5億円以下 〃　　10万円 5億円を超え 10億円以下 〃　　15万円 10億円を超えるもの 〃　　20万円	1 記載された手形金額が10万円未満のもの 2 手形金額の記載のないもの 3 手形の複本又は謄本
	①一覧払のもの、②金融機関相互間のもの、③外国通貨で金額を表示したもの、④非居住者円表示のもの、⑤円建銀行引受手形	200円	

4. 印紙税漏れ等には罰金がかかる

印紙税を誤るなどした場合の過怠税（いわゆる罰金）は次のとおりです。なお、この過怠税は支払う法人では損金不算入となります。

① **納付なし：納付すべき額×3倍**

② **調査前に自主的に不納付申出：納付すべき額×1.1倍**

③ **消印漏れ：納付すべき額**

一 覧 表

10万円以下又は10万円以上 …… 10万円は含まれます。
10万円を超え又は10万円未満 …… 10万円は含まれません。

番号	文書の種類（物件名）	印紙税額（1通又は1冊につき）	主な非課税文書
④	株券、出資証券若しくは社債券又は投資信託、貸付信託、特定目的信託若しくは受益証券発行信託の受益証券 (注) 1 出資証券には、投資証券を含みます。 2 社債券には、特別の法律により法人の発行する債券及び相互会社の社債券を含みます。	記載された券面金額が 500万円以下のもの　　　　200円 500万円を超え1千万円以下のもの　1千円 1千万円を超え5千万円以下　〃　2千円 5千万円を超え1億円以下　〃　1万円 1億円を超えるもの　　　　2万円 (注) 株券、投資証券については、1株（1口）当たりの払込金額に株数（口数）を掛けた金額を券面金額とします。	1 日本銀行その他特定の法人が作成する出資証券 2 譲渡が禁止されている特定の受益証券 3 一定の要件を満たしている額面株式の株券の無効手続に伴い新たに作成する株券
⑤	合併契約書又は吸収分割契約書若しくは新設分割計画書 (注) 1 会社法又は保険業法に規定する合併契約を証する文書に限ります。 2 会社法に規定する吸収分割契約又は新設分割計画を証する文書に限ります。	4万円	
6	定　款 (注) 株式会社、合名会社、合資会社、合同会社又は相互会社の設立のときに作成される定款の原本に限ります。	4万円	株式会社又は相互会社の定款のうち公証人法の規定により公証人の保存するもの以外のもの
7	継続的取引の基本となる契約書 (注) 契約期間が3か月以内で、かつ、更新の定めのないものは除きます。 (例) 売買取引基本契約書、特約店契約書、代理店契約書、業務委託契約書、銀行取引約定書など	4千円	
8	預金証書、貯金証書	200円	信用金庫その他特定の金融機関の作成するもので記載された預入額が1万円未満のもの
9	倉荷証券、船荷証券、複合運送証券 (注) 法定記載事項の一部を欠く証書で類似の効用があるものを含みます。	200円	
10	保険証券	200円	
11	信用状	200円	
12	信託行為に関する契約書 (注) 信託証書を含みます。	200円	
13	債務の保証に関する契約書 (注) 主たる債務の契約書に併記するものは除きます。	200円	身元保証ニ関スル法律に定める身元保証に関する契約書
14	金銭又は有価証券の寄託に関する契約書	200円	
⑮	債権譲渡又は債務引受けに関する契約書	記載された契約金額が1万円以上のもの　200円 契約金額の記載のないもの　200円	記載された契約金額が1万円未満のもの
16	配当金領収証、配当金振込通知書	記載された配当金額が3千円以上のもの　200円 配当金額の記載のないもの　200円	記載された配当金額が3千円未満のもの
⑰	1 売上代金に係る金銭又は有価証券の受取書 (注) 1 売上代金とは、資産を譲渡すること等による対価、資産を使用させること（権利を設定することを含む）による対価及び役務を提供することによる対価をいい、手付を含みます。 2 売上代金に係る受取書から除かれるものとして、有価証券の譲渡代金、保険料、公社債及び預貯金の利子などは売上代金から除かれます。 (例) 商品販売代金の受取書、不動産の賃貸料の受取書、請負代金の受取書、広告料の受取書など	記載された受取金額が 100万円以下のもの　　　　200円 100万円を超え 200万円以下のもの　400円 200万円を超え 300万円以下　〃　600円 300万円を超え 500万円以下　〃　1千円 500万円を超え 1千万円以下　〃　2千円 1千万円を超え 2千万円以下　〃　4千円 2千万円を超え 3千万円以下　〃　6千円 3千万円を超え 5千万円以下　〃　1万円 5千万円を超え 1億円以下　〃　2万円 1億円を超え 2億円以下　〃　4万円 2億円を超え 3億円以下　〃　6万円 3億円を超え 5億円以下　〃　10万円 5億円を超え 10億円以下　〃　15万円 10億円を超えるもの　　　20万円 受取金額の記載のないもの　200円	次の受取書は非課税 1 記載された受取金額が**5万円未満（※）**のもの 2 営業に関しないもの 3 有価証券、預貯金証書など特定の文書に追記した受取書 ※ 平成26年3月31日までに作成されたものについては、記載された受取金額が3万円未満のものが非課税とされていました。
	2 売上代金以外の金銭又は有価証券の受取書 (例) 借入金の受取書、保険金の受取書、損害賠償金の受取書、補償金の受取書、返還金の受取書など	200円	
18	預金通帳、貯金通帳、信託通帳、掛金通帳、保険料通帳	1年ごとに　200円	1 信用金庫など特定の金融機関の作成する預貯金通帳 2 所得税が非課税となる普通預金通帳など 3 納税準備預金通帳
19	消費貸借通帳、請負通帳、有価証券の預り通帳、金銭の受取通帳などの通帳 (注) 18に該当する通帳を除きます。	1年ごとに　400円	
20	判取帳	1年ごとに　4千円	

53

- 土地の売買による登録免許税は1.5%と軽減されている。
- 土地の不動産取得税は3%と軽減されている。
- 宅地評価する土地の不動産取得税は課税標準を2分の1にできる。

1. 不動産を取得するとかかる

不動産を売買等により譲り受けた側では、個人、法人いずれも所有権移転の際に登録免許税と不動産取得税がかかります。

M&Aにおいても、不動産の所有権を移動させることは多く、たとえば、譲渡企業からオーナーへの不動産の売却、逆に、オーナーから譲渡企業への不動産の売却などが多くの案件で行われています。

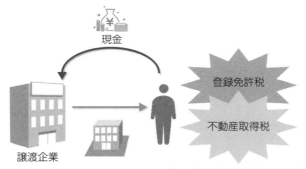

現金

登録免許税

不動産取得税

譲渡企業

○ ほかに次の費用もかかる。
・司法書士への報酬
・売買契約書に貼る印紙代

売買代金のほか、これらの諸費用がかかるため、あらかじめ見積りしておく。

2. 登録免許税

　不動産の所有権移転登記の際には、法務局へ登録免許税（次の（1）
（2）は算式）の納付が必要です。

　土地の売買については令和5年3月まで1.5%の軽減税率が適用できます
が、役員退職金の現物支給、現物分配、会社分割は売買に当たらないた
め、この軽減税率を適用できません。

（1）建物

　固定資産税評価額×2%

（2）土地

　固定資産税評価額×2%※

　※　売買の場合は1.5%（令和5年4月以後は2%）

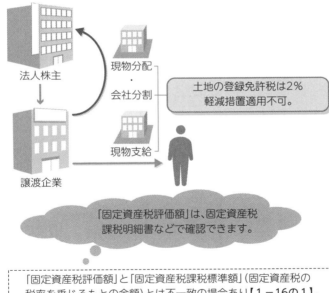

　　　現物分配
　法人株主　・
　　　会社分割　　　　土地の登録免許税は2%
　　　　　　　　　　　軽減措置適用不可。

　　　現物支給

　譲渡企業

　　　　「固定資産税評価額」は、固定資産税
　　　　課税明細書などで確認できます。

> 「固定資産税評価額」と「固定資産税課税標準額」（固定資産税の
> 税率を乗じるもとの金額）とは不一致の場合あり【1 −16の1】。

【参考】軽減税率

　相続、合併による取得のほか、一定の要件を満たす住宅用家屋の取得等
ではその他の軽減税率の適用があります。

3. 不動産取得税

　不動産取得税（次の（1）（2）は算式）は、登記の有無、有償・無償、取得の理由を問わず不動産の取得に対して課税され、取得者は、その申告書を条例により一定期間内に都道府県へ提出し納付する必要があります。

　しかし、都道府県側は、この申告がなくても、登記の事実から新たな取得者を把握しその取得者あてに申告書用紙を送るため、取得者がそれに基づき申告し納税通知書受取後納付する形が実務的には多いです。なお、実務上このように納付することで過料等も発生しません。

　なお、売買、役員退職金の現物支給、現物分配、会社分割いずれの場合も税額は同様です。

（1）建物（住宅以外の家屋の場合）

　　固定資産税評価額×4％

（2）土地

①　宅地評価しない土地

　　固定資産税評価額×3％※

　　※　令和6年4月以後は4％

②　宅地評価する土地

　　固定資産税評価額×1/2※1×3％※2

　　※1　「×1/2」とする措置は令和6年3月まで。
　　※2　令和6年4月以後は4％

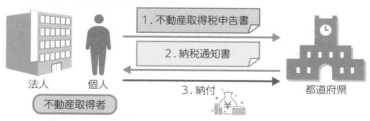

【参考】非課税・軽減措置

　相続、合併、一定の要件を満たす会社分割による取得【7－11】等は非課税となり、一定の要件を満たす住宅・住宅用土地の取得等では軽減措置があります。

未登記不動産に係る税負担

譲渡企業において未登記の不動産がある場合があります。

もともと登記や申告をしていなかったことに伴う次のような税務リスクを把握し、譲渡側で登記・申告し、M&A譲渡価額から減額する等の調整が必要です。

① **登録免許税**

通常費用のみ発生します。

過料等

10万円以下の過料が定められています（不動産登記法164）が、実務上は適用されていません。

② **不動産取得税**

通常費用のみ発生します。なお、法定納期限の翌日から5年経過していれば都道府県は通常費用の課税もできません。

過料等

条例により10万円以下の過料を定めることができるとあります（地法73の20）が、実務上は適用されていません。また、この申告により受け取る納税通知書に基づき期限どおり納付すれば延滞金も発生しません。

③ **固定資産税（都市計画税含む）【1-16の1】**

通常費用のみ、実務的には最大5年間分を遡って課税されます。

過料等

過料はなく、この申告により受け取る納税通知書に基づき期限どおり納付すれば延滞金も発生しません。

登録免許税	通常費用のみ。
不動産取得税	通常費用のみ。5年経過していれば通常費用もなし。
固定資産税	通常費用のみ最大5年間分。

未登記不動産

1-16 固定資産税・都市計画税、償却資産税の概要

1. 固定資産税・都市計画税は不動産所有者にかかる

　固定資産税・都市計画税は1月1日時点の土地や建物の所有者（都市計画税は市街化区域内にあるこれらの所有者）に対して課税され、納付までの流れは次のとおりです。

(1) 市町村は、次のように計算した固定資産税課税明細書を毎年4月～5月に納税義務者（1月1日時点の所有者）へ送付。

①　固定資産税：固定資産税課税標準額×1.4%（原則）

②　都市計画税：都市計画税課税標準額×0.3%（上限）

(2) 納税義務者は(1)に基づき年4回に分けて納付します（一括で納付してもかまいません）。

　なお、課税のもとになる土地や家屋の価格は3年ごとに評価替えされ、固定資産税課税標準額は、軽減措置の適用により固定資産税評価額と一致しているとは限りません。

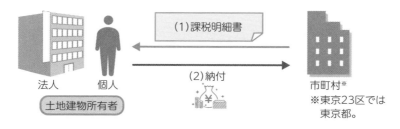

2. 償却資産税は償却資産所有者にかかる

　償却資産税は固定資産税の一種で1月1日時点の構築物、建物附属設備、機械装置、工具器具備品などの事業用の償却資産の所有者に対して課税され、納付までの流れは次のとおりです。

（1）納税義務者（1月1日時点の保有者）は毎年1月末までに償却資産が存在する市町村に償却資産税申告書を自己申告（前記「1.」の固定資産税等との違い）。

（2）市町村は、課税標準額×1.4％（原則）で税額を計算した課税明細書を毎年4月〜5月に納税義務者へ送付。

（3）納税義務者は（2）に基づき年4回に分けて納付します（一括で納付してもかまいません）。

　なお、課税標準額が150万円未満の場合は課税されません。

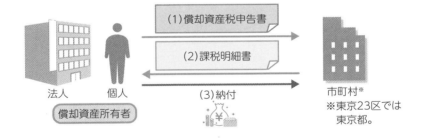

| (1)償却資産税申告書 |
| (2)課税明細書 |
| (3)納付 |

法人　　個人　　　　　　　　　　　　　市町村※
償却資産所有者　　　　　　　　　　　　※東京23区では
　　　　　　　　　　　　　　　　　　　　東京都。

償却資産申告漏れに係る税負担

　償却資産の申告漏れは、実務的には最大5年間分遡って、償却資産税を負担しなければならないため、譲渡側で申告し、M&A譲渡価額から減額する等の調整が必要です。

　過去においても、譲渡側が償却資産申告漏れをM&A前に市町村へ申告したところ、過去5年間分の納税を求められた事例がありました。

1-17 M & Aの全体像における 当事者の課税取扱い [まとめ]

 ポイント

- ・個人の株式譲渡所得には20.315%の税率で税金がかかる。
- ・役員退職金を支給すると適正額は損金扱いできる。
- ・役員退職金や配当を支給する際には税金を差し引いて支給。

1. 株式譲渡の課税全体像イメージ

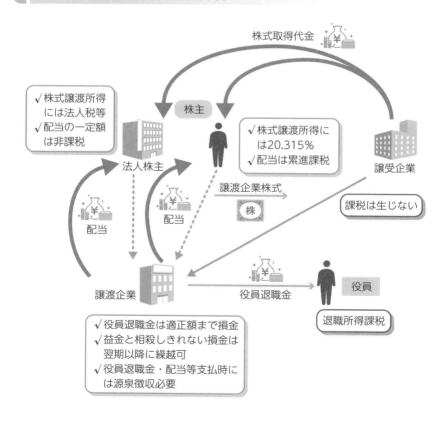

株式取得代金

√株式譲渡所得
には法人税等
√配当の一定額
は非課税

株主

√株式譲渡所得には
20.315%
√配当は累進課税

法人株主

譲受企業

配当

配当

譲渡企業株式
株

課税は生じない

譲渡企業

役員退職金

役員

退職所得課税

√役員退職金は適正額まで損金
√益金と相殺しきれない損金は
翌期以降に繰越可
√役員退職金・配当等支払時に
は源泉徴収必要

2. 各当事者の課税取扱い［まとめ］

各当事者	税務取扱い	第2章以降参照項目
個人株主	「株式譲渡所得×20.315％」の所得税等の税金がかかる。 →翌年2/16〜3/15までに確定申告する。	第2章全般
	配当金を受け取ったり、譲渡企業株式を譲渡企業に譲渡した場合、「配当所得×累進税率（最高約50％（配当控除後））」の所得税等がかかる。 →「配当額×20.42％」の税金が差し引かれた額を受け取る形となり、一定額超の配当の場合は翌年に確定申告し精算する。	5－2 5－5
法人株主	株式譲渡所得は他の所得と通算され、約34％の法人税等の税金がかかる。	2－1 2－7
	配当金を受け取ったり、譲渡企業株式を譲渡企業に譲渡した場合、一定額を非課税とでき、差し引かれた源泉徴収税額は法人税額から控除できる。	5－2の2 5－5 5－6
	100％子会社から土地等の現物配当を受けた場合、全額が非課税。	6－1 6－2
役員	受け取った役員退職金に関し、「（退職金−退職所得控除）×1/2×累進税率（最高約56％）」の所得税等がかかる。 →税金が差し引かれた額を受け取る形となる。	3－2 3－3の1
	不動産（建物、土地）の譲渡では、短期譲渡所得に39.63％、長期譲渡所得に20.315％の所得税等がかかる。 →翌年2/16〜3/15までに確定申告する。 →譲渡年の1/1時点で保有期間5年以下は短期、5年超は長期。	8－1 8－2 8－3
譲渡企業	役員退職金は適正額まで損金とできる税負担軽減効果あり。	3－6の1
	役員退職金支給等による損金は、益金と通算しきれない場合、繰越欠損金として翌期以降10年（平成30年4月以後開始事業年度発生分からは10年）繰越しできる。	4－1の1
	退職金支給時に税金の源泉徴収を行い、役員に代わって翌月10日までに納付する。	3－3の1
	配当金の支払や、自己株買いを行った場合、「配当額×20.42％」の源泉徴収を行い、翌月10日までに納付する。	5－2の1
	譲受企業が資本金1億円超、5億円以上の場合、適用できなくなる優遇措置がある。	11－1 11－2
	課税は生じない。 →譲受企業がグループ通算制度適用グループで100％株式譲渡の場合には、土地等の含み損益が実現する場合がある。	13－3
譲受企業	株式譲渡代金支払時には源泉徴収は不要。	―
	税務上、のれん償却が起こり得ないため、譲受企業の税負担軽減メリットはなし。	15－2の2・3

第 2 章

株式譲渡所得

本章のねらい

　譲渡主体による違いもふまえて譲渡企業株式を譲渡した際に発生する譲渡所得の計算方法や確定申告、株式の事前の取りまとめおよび贈与の留意点等を確認します。

2-1 個人株主と法人株主の株式譲渡課税の違い

・個人株主の場合と法人株主の場合で取扱いが異なるものがある。

・所得の計算方法は基本的には同じ。

・法人株主の場合、譲渡収入の5%を取得費とできない。

1. 個人株主と法人株主の株式譲渡課税の違い

　次の表は、個人株主と法人株主の場合の株式譲渡課税の違いについてまとめたものです。詳細は【2-2】以降をご参照ください。

　株式を譲渡する株主が個人であるか法人であるかに応じて取扱いは異なりますが、所得の計算方法は、いずれも「譲渡収入－株式の取得費－譲渡費用」となり基本的には同じといえます。

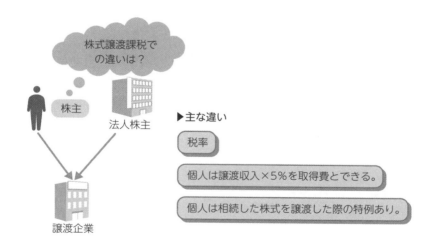

項　目	個人株主	法人株主
1　税率	非上場株式20%（所得税15%住民税5%）※　H25年～所得税×2.1％の復興税が別途かかり、20.315％。	○資本金１億円以下の法人法人税住民税事業税等　約34%
2　所得の認識時点	原則：引渡日、特例：契約の効力発生日（措通37の10・37の11共－１）。	相対取引の約定が成立し効力を有することとなる日。
3　譲渡時の取得費	譲渡収入×5%が最低限認められる。	－
4　相続開始後3年10カ月以内の特例	①　株式譲渡所得の計算時に、譲渡株式に係る相続税を取得費に加算可。②　非上場株式を発行会社に譲渡した場合、みなし配当課税の適用なく通常の株式譲渡所得課税扱い。※　①・②のダブル適用も可。	－
5　譲渡費用（消費税の取扱い）	消費税込み	法人の経理処理による。①　消費税抜き処理を採用：消費税抜き②　消費税込み処理を採用：消費税込み
6　他の所得との通算	他の所得とは分離して所得計算する。非上場株式同士の譲渡損益の通算は同一年のみ。	譲渡損、譲渡益とも他の所得と通算。
7　繰越欠損金	非上場株式の譲渡損失は繰越不可。	繰越可。以下の各年に応じて繰越期間が異なる。①　H20.4以後終了事業年度発生分～：9年②　H30.4以後開始事業年度発生分～：10年

2. 譲受企業は法定調書の提出必要

　株式を取得した法人は、税務署へ法定調書を提出する必要があります【14－4】。

2-2 株式譲渡所得はいつ発生するか（個人株主の場合）

ポイント

・原則は引渡日、特例で契約の効力発生日となる。
・契約の効力発生日は単純に契約締結日を指すのではない。
・実務上、通常は、引渡日と契約の効力発生日は同日になる。

1. 所得は引渡日または契約の効力発生日で発生

（1）認識時点

株式譲渡所得の認識時点は、引渡日を原則としつつ、選択により契約の効力発生日としてもよいことになります（措通37の10・37の11共一1）。

（2）実務上は同一日

契約の効力発生日とは、単純に契約締結日を指すのではなく、その契約が効力を生ずる日を指します。株式譲渡契約書締結日と株式引渡日を一定期間空ける場合には、通常は引渡日までの義務等のクロージング条件を課し、引渡日にこの条件を満たしていることを双方が確認してはじめて株式譲渡が実行されるため、この場合の契約の効力発生日は引渡日となります。

つまり、実務上は、このようなクロージング条件が課されている場合には、引渡日と契約の効力発生日は同一日となります。

2. 具体例をもとに所得の認識時点を考える

次のような例をもとに考えてみましょう。

・株式譲渡契約締結日 ： 令和2年12月

※ 株式譲渡契約書には、引渡日における双方のクロージング条件の充足確認を契約効力の条件に入れているものとします。

・株式引渡日 ： 令和3年1月

この場合には、引渡日は令和3年1月、契約の効力発生日も令和3年1月となり、所得の認識時点は令和3年1月となります。

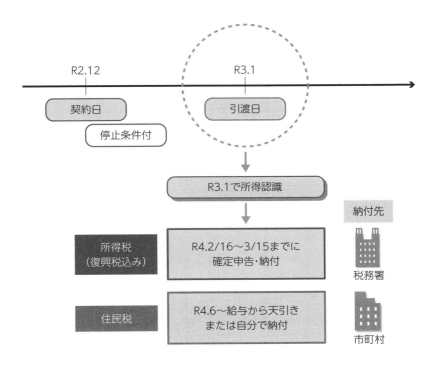

2-3 非上場株式を売却すると確定申告が必要(個人株主の場合)

ポイント

・譲渡した翌年2/16 ～ 3/15に所得税の確定申告・納付をする。

・所得税の確定申告をすれば住民税の確定申告不要。

・住民税は市町村へ納付する。

1. いつ確定申告・納付するのか

譲渡株主は、所得を認識した年の翌年2月16日から3月15日までの間(【2-2】の具体例では令和4年2月16日～3月15日)に、住所地の所轄税務署に所得税(復興税込み)の確定申告および納付をする必要があります。

なお、税務署へ確定申告をすることで、住民税の申告をしたとみなされるため、市町村へ別途確定申告する必要はありません。

2. 確定申告提出書面

確定申告時に次の書類の提出が必要となり、いずれの様式も【国税庁HP＞申告・申請・届出等、用紙(手続の案内・様式)＞所得税】で確認できます。

> ① 株式等に係る譲渡所得等の金額の計算明細書
> ② 確定申告書B (第一表・第二表)
> ③ 確定申告書 第三表(分離課税用)

なお、株式譲渡契約書や譲渡承認の議事録などは、提出書面として求められていません。

3. 所得税（復興税込み）の納付は税務署へ

　株式譲渡所得にかかる税は他の所得とは分離して計算し、所得税の確定申告書上、所得税を「株式譲渡所得×15％」で、復興税を「所得税×2.1％」で計算し併せて納付します。

　税務署へ納付するのは、あくまでこの所得税（復興税込み）のみです。住民税の合計5％分は住所所在の市町村へ納付します。

4. 住民税の納付方法は選択できる

　所得税の確定申告書上に、株式譲渡に係る住民税（譲渡所得に対して、市町村民税3％、都道府県民税2％の合計5％分）の納付方法に関し普通徴収によるか特別徴収によるかを選択する箇所（確定申告書B　第二表　住民税・事業税に関する事項）があり、いずれかを選択します【1−4の3】。

5. 所得税申告不要でも住民税申告は必要

　給与を1カ所から受けており、給与所得および退職所得以外の所得（たとえば、非上場株式や不動産の譲渡所得など）の金額の合計額が20万円以下の者は、一定の場合【1−4の1】を除き所得税の確定申告は不要です（所法121①一）が、住所所在の市町村へ住民税の確定申告を原則として行う必要があります（地法45の2①、317の2①）。

2-4 適用できなくなる制度がある（個人株主の場合）

ポイント

・妻や扶養親族の所得が発生し適用できなくなる制度がある。

・本人の所得が一定額を超えると適用できなくなる制度もある。

・そのまま社会保険の被扶養者にはなれる。

1. 配偶者控除等が不適用となることに注意

　その年に他に収入がない者がM&Aに伴う株式譲渡代金の受取りにより48万円超の所得を得た場合には、その者を配偶者控除や扶養控除などの対象にはできなくなるため注意が必要です。

　たとえば、オーナーの妻（専業主婦）が株式譲渡により48万円超の所得を得た場合、オーナーの所得の計算上、毎年適用できていた配偶者控除がその年については適用できません。

2. 本人の所得が一定額超となり不適用となる制度もある

　M&Aに伴う株式譲渡代金の受取りにより本人のその年の所得が一定額を超える年に、適用できなくなる制度もあり注意が必要です（以下、例示）。

（1）配偶者控除・配偶者特別控除：合計所得金額1,000万円超

（2）ローン控除：合計所得金額3,000万円超※

　　※　ローン控除の期間が13年となる住居で床面積40㎡以上50㎡未満の場合は合計所得金額1,000万円超

（3）基礎控除：合計所得金額2,500万円超

3. そのまま社会保険の被扶養者になれる

　次の（1）（2）に示す社会保険の被扶養者の認定を受けるためには、いずれも被扶養者となる者の年収（将来にわたる年収見込額）が、一定額未満であることが要件となりますが、被扶養者となっている方が、M&Aに伴う株式譲渡代金を受取ったとしても、このような突発的収入はこの年収制限に影響しないため、被扶養者として継続できます。

　ただし、（1）の健康保険について、全国健康保険協会ではなく健康保険組合に加入している場合、組合によっては年収に含める可能性もあるため、組合に個別に確認したほうがよいでしょう。

　また、扶養したい配偶者等が、大企業（原則、従業員が501名※以上の企業）でパートなどをしており、一定の条件で働いている場合は、勤務先の会社で独自に社会保険（健康保険、厚生年金共に）に加入する必要があるため、（1）（2）の対象にはできません。

※　令和4年10月〜 101名、令和6年10月〜 51名

（1）健康保険の被扶養者

　夫が会社員の場合、妻や子が被扶養者の代表例です。

　この場合、妻等の年収が130万円（妻等が60歳以上の場合180万円）未満で、健康保険の被保険者（この場合は夫）の年収の2分の1未満（同居の場合）であれば、健康保険の被扶養者となり、別途、健康保険料を負担することなく健康保険サービスを受けられます。

（2）国民年金の第3号被保険者

　夫が会社員の場合、妻が第3号被保険者の代表例です。

　この場合、妻の年収が130万円未満であれば、厚生年金保険被保険者（この場合は夫）の被扶養配偶者として、国民年金の第3号被保険者となり、別途、年金保険料を負担することなく、国民年金保険料納付の取扱い（年金の加入期間に通算）がなされます。

2-5 株式譲渡所得計算上の「取得費」（個人株主の場合）

ポイント

・「譲渡収入×5％」を取得費とできる。

・「譲渡収入×5％」は取得費が明らかな場合も使用できる。

・相続・贈与による取得の場合は前所有者の取得費を引き継ぐ。

1.「譲渡収入×5％」を取得費とできる

　個人株主の株式譲渡所得の金額の計算では、株式の「実際の取得費」と「譲渡収入×5％」のいずれか大きい金額を「取得費」とできます。

　財務体質が良く株価が高くなるような譲渡企業の株式譲渡の場合には、「譲渡収入×5％」を取得費としたほうが有利になるケースも多いため税額計算時には留意したいポイントです。

　なお、この「譲渡収入×5％」を取得費とする取扱いは、実際の取得費が不明な場合だけでなく、実際の取得費が明らかな場合にも適用できます。

大きいほうを取得費とできる。

[実際の取得費]　　[譲渡収入×5％]　　法人株主には適用されない。

2. 相続・贈与による取得の場合は 前所有者の取得費を引き継ぐ

　相続（限定承認によるものを除く）や贈与により株式を取得した場合には、取得費は前所有者の取得費を引き継ぎ（所法60①）、この「引き継いだ取得費」と「譲渡収入×5％」の大きいほうを取得費とできます。

　なお、相続や贈与により株式を取得した場合に、相続税や贈与税は原則として財産評価基本通達による算出株価を基に税額を計算し納付しますが、その価額を取得費とする取扱いにはなっていません。

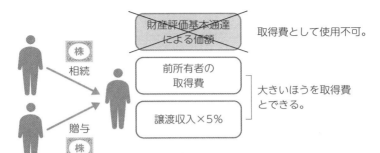

3. 資本金の金額と一致しているとは限らない

譲渡企業における全株主が保有する「譲渡企業株式の実際の取得費合計」は、「資本金（および資本準備金の合計）の金額」と一致することが多いですが、必ずしも一致しているとは限りません。

次は一致の場合と不一致の場合の例示です。

（1）一致の場合

① 創業時から株主が変わっていない。

② 相続や贈与により株式が承継され株主が推移している。

③ 創業時の株価で売買や増資をしている。

（2）不一致の場合

① 創業時と異なる株価で売買や増資をしている。

② 合併などの組織再編を実施している。

> 会社法445②③により設立、増資の際の払込額は、その2分の1を資本準備金として計上できる。

| 全株主の実際の取得費合計 | B/S 資本金（および資本準備金合計） |

⇨ この2つの金額は一致しているとは限らない。

1. 相続後3年10カ月以内だけの特例

相続発生後3年10カ月以内であれば、相続で承継した株式を譲渡する際に、次の「2.」「3.」の2つの特例を適用できます。2つの特例を同時にダブル適用することも可能です。

2. 相続税を取得費に加算できる

（1）内容

株式譲渡所得の金額の計算上、相続で承継した株式にかかった相続税を「取得費」に加算（上乗せ）できます（措法39）。

なお、「譲渡収入×5％」で計算した「概算取得費」に、この相続税を加算することもできます。

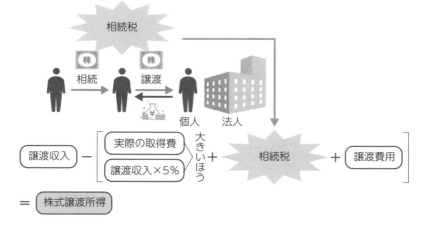

（2）添付書類必要

　適用には、確定申告の際に、①「相続財産の取得費に加算される相続税の計算明細書」、②「株式等に係る譲渡所得等の金額の計算明細書」の添付が必要です。

3．譲渡企業に譲渡しても株式譲渡所得扱い

（1）内容

　譲渡企業の株主がその株式を譲渡企業に譲渡した場合には、出資の払戻金額を上回る金額（みなし配当）は配当所得扱いになります【5−5】が、相続で承継した株式については、受け取った全額につき株式譲渡対価を受けたとして株式譲渡所得を計算できます（措法9の7）。

　なお、納付すべき相続税がゼロの場合にはこの特例を受けられないため注意が必要です。

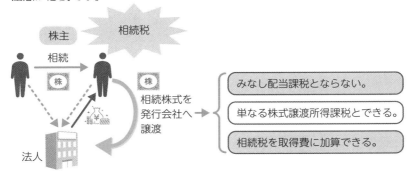

（2）届出必要

　適用には、「相続財産に係る非上場株式をその発行会社に譲渡した場合のみなし配当課税の特例に関する届出書」を次の流れで提出することが必要です（措令5の2）。

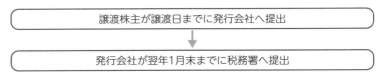

75

2-7 M&A で発生する 諸費用の取扱い

ポイント

・譲渡費用とされるものは株主負担の着手金、成功報酬など。

・個人負担の譲渡費用は消費税込みとし株式譲渡所得を計算。

・譲受企業の取得の意思決定時点以後の費用は資産計上。

1. 譲渡費用とされるもの

（1）内容

　譲渡株主の株式譲渡所得の金額の計算上、譲渡費用とされるものは限定的です。実務的に代表的なものとしては、M&Aの仲介会社へ支払う株主が負担した着手金や成功報酬が挙げられます。

　着手金はほとんどの事例では譲渡企業負担とされていますが、株主負担であればその株主の譲渡費用とし、成功報酬は各株主の譲渡株式数に応じて按分した額をそれぞれの譲渡費用とするのが原則的な取扱いです。

（2）消費税等の取扱い

　譲渡費用は個人では消費税込み、法人では採用する消費税の会計処理に応じて消費税抜きまたは消費税込みで所得金額を計算します【2-1】。

2. 譲受企業の諸費用の取扱い

 関係会社株式 ＝ ［ 株式取得代金 ］ ＋ ［ 取得の意思決定時点以後の諸費用 ］

（1）内容

　譲受企業の諸費用のうち、取得の意思決定時点以後に発生した仲介会社への中間報酬や監査実施者への監査報酬などは、案件が成就すれば「関係会社株式」として株式取得代金と成功報酬とともに資産計上しますが、案件が破談すれば損金処理します【15-1の1】。

76

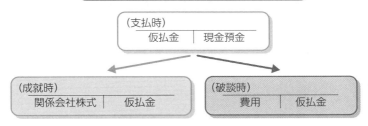

譲受企業の中間報酬や監査費用の処理

（支払時）	
仮払金	現金預金

（成就時）	
関係会社株式	仮払金

（破談時）	
費用	仮払金

（2）消費税等の取扱い

　案件が成就した場合、成功報酬等にかかる消費税（地方消費税含む）は、譲受企業が消費税抜きの会計処理を選択していれば、関係会社株式に含まれませんが、消費税込みの会計処理を選択していれば、関係会社株式に含まれることになります。

3. まとめ

	支出内容		取扱い
譲渡側	着手金（案件化料・企業評価料）	株主負担分	（個人株主） 株式譲渡所得の計算上、譲渡費用 （法人株主） 損金算入
		譲渡企業負担分	損金算入
	仲介手数料（成功報酬）		（個人株主） 株式譲渡所得の計算上、譲渡費用 （法人株主） 損金算入
譲受企業	着手金（情報提供料）		損金算入
	基本合意報酬（中間報酬）		（案件が成約） 関係会社株式の取得価額に加算
	監査報酬		（案件が破談） 損金算入
	仲介手数料（成功報酬）		関係会社株式の取得価額に加算

1. 両者の合意価格であれば時価

　株式を譲渡する場合において、譲渡企業の純資産額とはかけ離れた金額で売買されることがあり、「税務上問題ないのか？」という疑問が生じますが、M&Aのように純然たる第三者間で決まった価格であれば、それが時価といえます。

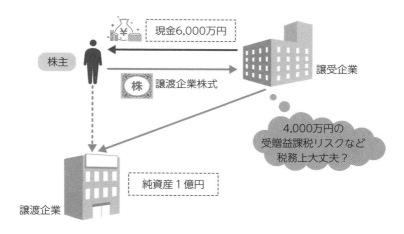

　『十訂版法人税基本通達逐条解説』（髙橋正朗編著、税務研究会刊）では、非上場株式の時価について定めた通達である「法人税基本通達9－1－14」の解説の末尾で、「純然たる第三者間において種々の経済性を考慮して定められた取引価額は、（中略）一般に常に合理的なものとして是認されることとなろう」としています。

2.「1円譲渡」の場合でも時価として説明できる

　実質債務超過の譲渡企業等の株式譲渡によるM&Aの際に、備忘価額として1株当たり1円で売買するようなケースもあります。このような場合にも、同様にこの価格が時価といえます。

3. 株価根拠資料は保存しておくべき

　最終的な株価の根拠資料（修正貸借対照表など）は、対税務署向けとしても保存しておくべきです。

　株式譲渡契約書の別紙の形で付けることもありますが、この資料を根拠に価格についての説明を行うとよいでしょう。

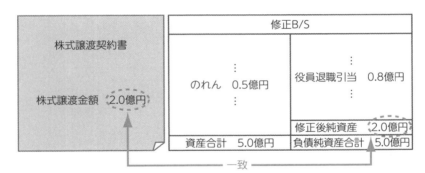

2-9 M&A 前の 事前の株式取りまとめ

ポイント

・買取者の立場に応じて適正価額が変わる。

・オーナーが原則的評価額で買い取らない場合、課税リスクあり。

・実施時期によってはM&A価額での買取りを検討する必要あり。

1. 買取者の立場に応じて適正価額が変わる

　M&Aでの売買を除く個人間の非上場株式の売買の場合、財産評価基本通達による算出株価が適正価額とされ、次のように買取者の立場に応じてその価額が異なります。

原則的評価額

同族株主

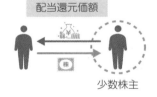

配当還元価額

少数株主

（1）同族株主が買い取る場合： 原則的評価額

　取得後の株数が親族（詳細：法令４、民法725）保有株を含めて議決権50％超（50％超保有者がいない場合は30％以上）となる同族株主※が取得する場合は、原則的評価額を適正価額と考えます。

　実務的には、この金額よりも低い旧額面金額等での買取りも行われていますが、この場合は同族株主※側に原則的評価額との差額について贈与税課税リスクが残ります。

　この原則的評価額は、譲渡企業の顧問税理士が毎期計算していることも多く、その価額を確認するのがよいといえます。

※ 取得後の議決権割合が個人で５％未満であり役員以外の一定の者を除く（詳細：評基通188）

80

━━ 計算方法 ━━

会社の従業員数、総資産、売上高に応じて会社の規模区分を決定し、その区分に応じて、純資産と類似業種比準価額（上場会社の株価を参考に計算した価額）の2つの要素の割合を変えて計算し、小規模な会社ほど純資産の割合を大きく、大規模な会社ほど類似業種比準価額の割合を大きくします。類似業種比準価額のほうが純資産よりも評価が低くなる傾向にあります。

（2）少数株主が買い取る場合： 配当還元価額

同族株主（前記（1））以外の従業員等の少数株主（詳細：評基通188）が取得する場合は配当還元価額を適正価額と考えます。

━━ 計算方法 ━━

過去2年間の配当金額を基に計算し、通常は原則的評価額よりも低くなります。

2. 株式を取りまとめる際の価格

M&Aを行うにあたり、譲渡企業の株主が多数いる場合には、通常100%の買取りを希望される譲受企業へ譲渡しやすくなるよう、オーナー等が事前に他の株主の株式を取りまとめるケースがあります。

たとえば、オーナーが原則的評価額1,000万円の譲渡企業株式を従業員から旧額面金額100万円で買い集めた場合には、この差額について、オーナーに贈与税課税リスクが残ります（次の「3.」、【2−10の3】も参照）。

一方で、少し視点を変えると、オーナーは必ずしも原則的評価額で買い取る必要はなく、旧額面金額程度で買い取り自ら贈与税を申告納付することも考えられます。売買金額はあくまで交渉により決定し、贈与税申告納付は別途行うという形です。なお、譲渡企業が買い集める手法（自己株買い）については、【5−8】をご参照ください。

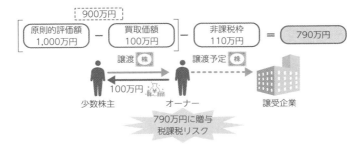

3. 取りまとめにはリスクがある

（1）リスク

　譲受企業が現れ、基本合意によりある程度の株価が確定した後に取りまとめるような場合には、原則的評価額ではなく、多くの場合その金額よりも高額となるM&A価額で買い取りしなければ、オーナー側に次のリスクが残ります。

---

　① **法務的なリスク**
　　詐欺等で取消・無効となるリスク。
　② **税務的なリスク**
　　個人からの買集めの場合、M&A価額と買取価額との差額について、贈与税課税リスク（評基通総則⑥）。

（2）実施時期

　事前の取りまとめには上記のリスクがあるため、M&Aとは切り離して説明できる段階（たとえば、仲介会社との提携仲介契約締結前。つまり、M&A仲介業務依頼前段階）で実施することが望ましいといえます。

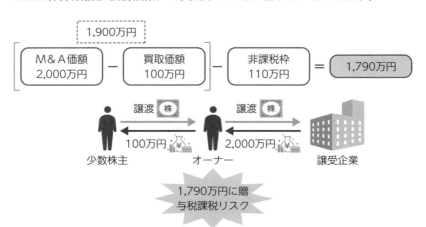

4.「90％以上保有株主」による株式の強制買取り

（1）内容

総議決権の90％以上を保有する株主（特別支配株主：個人も法人も対象。親族保有株式を含めず「90％以上」を判定。）は譲渡企業の取締役会決議等の手続を経て、他の少数株主から強制的に株式を買い取れます（会社法179）。

（2）留意点

① 買取価額と実施時期

前記「3.」のリスクも考慮し、買取価額と実施時期の検討が必要です。買取価額は、配当還元価額による買取りでは特別支配株主側に贈与税課税リスクが残り、M＆Aの直前もしくは直後に実施する場合、実務的にはM＆A価額とせざるを得ないと思われます。

② 残りすべての株式を買取り

手続実施後、特別支配株主は、すべての株式（反対株主の保有株式を含む。自己株式は除く。）を保有することになります。

③ 法人株主の場合の留意点

特別支配株主が法人の場合、M＆A前に実施すると、M＆Aにより特別支配株主と譲渡企業との支配関係の継続ができないため、「非適格株式交換等」となり、譲渡企業の保有する土地などの一定の資産の含み損益が税務上実現します（法法62の9①、法令123の11①）。

よって、含み益がある資産が多い場合には、M&A後に譲受企業が特別支配株主となってからの実施を検討したほうがよいでしょう。

なお、特別支配株主が個人の場合、このような課税はありません。

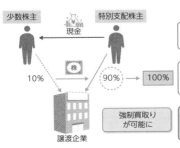

平成29年度税制改正により、特別支配株主が法人の場合、この強制買取り等は、組織再編税制の対象とされた。

買取後、一定の要件（特別支配株主と譲渡企業との間で支配関係の継続見込みがある等）を満たさないと譲渡企業の含み損益が税務上実現します。

含み益が多くあり、特別支配株主が法人の場合は支配関係の継続見込みの要件を満たすよう、M&A後の実施を検討する。

2-10 M&A前の オーナーからの事前贈与

ポイント

・贈与税課税方法を慎重に選択する。

・評価額は財産評価基本通達による原則的評価額となる。

・実施時期によってはM&A価額による評価を検討する必要あり。

1. 実施背景

　会社の資本政策として、第三者へのM&Aの検討とともに親族への承継を併せて検討されるケースでは、M&A前にオーナーが社内の息子等へ株式を贈与し株式という財産の承継を済ませてしまうことがあります。実施時期に注意し最適な贈与方法を選択しなければなりません。

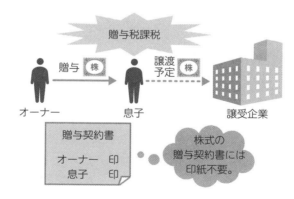

2. 贈与税課税方法を選択する

　暦年課税と相続時精算課税の2つの贈与税課税方法からいずれかを選択します【1-10の2・4】。

3. 原則的評価額で評価額を決定

（1）内容

　議決権50%超のオーナーが息子へ株式を贈与した場合には、50%超の同族株主が取得する形となるため、買取りの場合と同様に、原則的評価額が財産評価額となります。

（2）組織再編後の贈与等

　合併直後は比準3要素（配当、利益、純資産）の数値が適切に把握できない場合も生じ、合併前後においても会社の実態に変化がない場合以外は類似業種比準方式の適用に限界があるという国税局担当官の見解もあり※、原則的評価額が高く計算される可能性があるため、合併後3年程度までの間に贈与や買取りを行う場合には留意が必要です。会社分割や事業譲渡を実施している場合も同様です。

※　参考：『株式・公社債評価の実務（令和3年版）』（大蔵財務協会刊）

4. 贈与の実施時期はできるだけ早期に

（1）内容

　この贈与の実施時期によっては、【2-9】の事前買取りと同様に、贈与を受けた側にM&A価額を基に贈与税課税リスクがあり（評基通総則⑥）、M&A価額と原則的評価額との差額について、贈与税の申告漏れの指摘リスクが出てくるため、M&Aとは切り離して説明できる段階で実施することが望ましいといえます。

（2）事例あり

　過去の事例でも、顧問税理士の意見もあり、オーナーが社内にいる息子へ株式を贈与し贈与税納付後1年近く経ってから、提携仲介契約を締結しM&Aを進めた案件がありました。

2-11 非居住者（国外居住者）が非上場株式を譲渡した場合

ポイント

- 25％以上所有し5％以上譲渡した場合には所得税等がかかる。
- ただし、租税条約のほうが有利なら日本での課税はなし。
- 翌年1月1日に日本に住所がなければ住民税はかからない。

1．所得税（復興税込み）がかかるのは限定的

　非居住者が非上場株式を譲渡した場合、日本で所得税（復興税込み）が課されるケースは限定的であり、代表的なケースのみご紹介します。

　日本国内に支店等がない※非居住者が次の①・②いずれの要件も満たす場合には、株式譲渡所得に15.315％（復興税込み）の税率で課税されます（所法161①三、所法164①二、所令281①四ロ④⑥、措法37の12）。

　ただし、租税条約の内容により日本での課税がされないケースもあります（後掲「3.」（1）参照）。

※　通常、非居住者はこれに該当します。

---

①　譲渡年以前3年内（譲渡年、譲渡年の前年、譲渡年の2年前）のいずれかの時において、親族保有株式を含めて日本法人の発行済株式の25％以上を所有している場合

②　譲渡年に、親族分を含めて発行済株式の5％以上を譲渡した場合

	所得税（復興税込み）の課税
非居住者A	①・②いずれも満たさないため日本で課税なし。
非居住者B	①・②いずれも満たすため、日本で課税。ただし、租税条約の内容が有利であればその内容が優先される。
居住者C	日本で課税。

非居住者A　非居住者B

海外

日本　4%　36%　●居住者C

60%

譲渡企業

（前提）10年前の設立以来、各株主間で親族関係のないこの株主構成で、全株式を譲受企業に譲渡したとします。

2. 住民税は翌年1月1日に日本に住所がなければ課税なし

住民税の納税義務の有無は譲渡企業株式を譲渡した翌年1月1日に日本に住所があるか否かで判断し（地法39、318）、その課税範囲や所得の計算方法は所得税の規定を準用します（地令7の11①、48の5の2①）。

（1） 譲渡した翌年1月1日に日本に住所がある場合

① 前記「1.」により所得税（復興税込み）が課税される場合

株式譲渡所得に合計5％の住民税が課税されます。

② 前記「1.」により所得税（復興税込み）が課税されない場合

住民税は課税されません。

（2） 譲渡した翌年1月1日に日本に住所がない場合

住民税は課税されません。

3. 各国別に租税条約と現地税法を確認する

（1）日本での課税の決定

前記「1.」により、日本で所得税（復興税込み）が課税されると判定される場合であっても、非居住者が居住する国と租税条約を締結していて、租税条約が日本国内の税法よりも有利なときは、租税条約を優先できます。

たとえば、その国との租税条約に居住地国のみに課税権があるとの規定がある場合には、租税条約が日本国内の税法に優先され日本では課税されません。

（2）海外現地での課税の決定

非居住者が居住する国の現地での課税については、その国の税法と租税条約の内容から個別に確認・決定する必要があります。

2-12 その他の留意点（個人株主の場合）

ポイント

- ・非上場株式の譲渡所得は他の非上場株式の譲渡損と通算が可能。
- ・上場株式の譲渡損との通算は不可。
- ・土地が70%以上の会社の株式譲渡は約40%の税率。

1. 非上場株式の譲渡所得に充てられる損失

（1）内容

　個人が非上場株式を譲渡した場合、他の所得とは分離して所得・税額を計算しますが、同一年に他の非上場株式の譲渡損があった場合には、その譲渡損は非上場株式の譲渡所得と損益通算できます。

　なお、非上場株式同士の譲渡損益の通算は、同一年のみ可能です。

（2）上場株式の譲渡損との通算は不可

　非上場株式の譲渡損益と上場株式の譲渡損益の損益通算は不可であり、上場株式の譲渡損を非上場株式の譲渡所得と通算することもできません。

非上場A社株式譲渡損	+	非上場B社株式譲渡所得	=	非上場B社株式譲渡所得
▲100万円		＋1,000万円		＋900万円

2. 土地の保有割合70%以上の会社の 株式譲渡は約40%の税率

　土地や借地権（以下、土地等）の保有割合（土地等の価額÷資産の時価総額）が70%以上である会社の株式は土地の塊とも考えられるため、次の①・②いずれかの会社の株式譲渡で、かつ、一定の要件を満たした場合には、その株式を短期保有土地の譲渡と同じと考え、所得税（復興税込み）30.63%、住民税9%の合計39.63%の税率で課税されます（措法32①②、措令21③④⑤⑥）。

　実務上、適用場面は非常にまれですが、注意すべき点です。

> ①　「所有期間5年以内の土地等の価額÷資産の時価総額」が70%以上の会社の株式を譲渡
> ②　「土地等の価額÷資産の時価総額」が70%以上の会社の株式を5年以内に譲渡

（注）　①・②は単純化して記載しています（詳細：措令21③）。

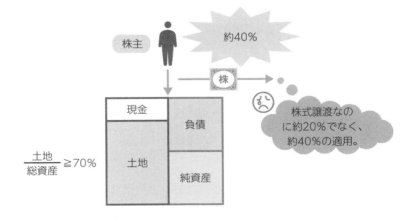

MACafe

株式取得価額の70％を損金算入できる

（1）　要約

　　認定を受けた中小企業者が他の法人の株式取得をした場合には一定額を損金算入できますが、後に益金算入するため、課税の繰延べといえます。

（2）　損金算入

　　中小企業者が令和6年3月末までに経営力向上計画の認定を受け、その計画に従い他の法人の取得価額10億円以下の株式を取得し事業年度終了の日まで引き続き保有している場合は、その株式の取得価額※の70％以下の金額を中小企業再編投資損失引当金として積み立てたときは、その積み立てた金額を損金算入できます。

※　株式の取得価額に含まれる諸費用含む［2−7の2］

（3）　益金算入

　　この準備金は、次の場合などには取り崩し益金算入します。

① 　取得した株式の全部または一部を有しなくなった場合（全額または相当分を取り崩し）

② 　株式の帳簿価額を減額した場合（相当分を取り崩し）

③ 　積み立てた事業年度終了の日の翌日から5年経過後の事業年度から5年間で均等額を取り崩す

「（例）株式取得価額が1,000で準備金を700積み立て上記（3）③の場合」

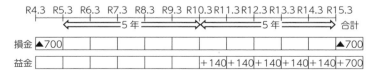

	R4.3	R5.3	R6.3	R7.3	R8.3	R9.3	R10.3	R11.3	R12.3	R13.3	R14.3	R15.3	合計
	←―――5年―――→					×	←―――5年―――→						合計
損金	▲700												▲700
益金							+140	+140	+140	+140	+140		+700

第 3 章

・・

役員退職金

本章のねらい

　株式譲渡M&A時には、譲渡企業が退任する役員へ役員退職金を支給
することが多くあります。その算定方法、譲渡企業および役員退職金を
受け取る役員の課税関係等を確認します。

3-1 支給するメリットと支給額の決め方

ポイント

・譲渡側の税負担最小化、損金算入、株価圧縮に効果あり。

・株主総会議事録を社内保存する。

・「最終報酬月額×勤務年数×功績倍率」での支給が一般的。

1. 支給するメリット

次の3方面から考えることができます。

（1）譲渡株主・役員

株式譲渡と組み合わせることで税負担を最小化できます。

（2）譲渡企業

税務上認められる範囲内で損金算入でき、税負担を軽減できます。

（3）譲受企業

役員退職金支給額分だけ株式取得代金が減額されるため、初期投資を抑えることができます。

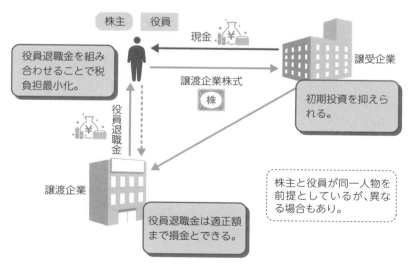

株主　役員

現金

譲受企業

役員退職金を組み合わせることで税負担最小化。

譲渡企業株式

株

初期投資を抑えられる。

役員退職金

譲渡企業

株主と役員が同一人物を前提としているが、異なる場合もあり。

役員退職金は適正額まで損金とできる。

2. 株主総会議事録・役員退職金規程

（1）株主総会議事録

支給を決議した株主総会議事録は必ず作成し社内で保存が必要です。

（2）役員退職金規程

役員退職金規程※をそもそも作成していない会社も多く、役員退職金を損金算入するために必ずしも作成や保存は必要ありませんが、規程を作成することにより、算定方法や金額の客観性（つまり、利益調整のための恣意的なものではないという根拠）について、納税者（支給法人）側から積極的に説明できるというメリットはあります。

※　規程は取締役会決議で制定・改訂が可能です。

3. 一般的な金額算定式

役員退職金を算定するにあたり、適正金額について明確に定めた税法上の規定は存在しないものの、「最終報酬月額×勤務年数（法人成りしている場合には法人成り後の年数）×役位に応じた功績倍率」を採用するのが一般的です。ほかにも、さまざまな規程・方法が存在します。

また、実務上は役員退職金の支給に併せて功労金の支給の検討も行われています【3−6の4】。

最終報酬月額 × 勤続年数 × 功績倍率

4. 最終報酬月額が低額の場合は適正額で算定

たとえば、上記「3.」の算式の最終報酬月額が次の①・②のような理由で減額されている場合には、「最終報酬月額」に代えて「適正報酬月額」を用いて算定できます。

この適正報酬月額の例としては「減額前の報酬月額」や「直近数年間

（たとえば5年間等）の平均報酬月額」などが挙げられます。

① 業績不振のため。

② 老齢厚生年金の支給カットを避けるため。

なお、社会保険料軽減のために、事前確定届出給与を多額に支給し報酬月額を低額に支給している場合の取扱いは、【3－6の6】をご参照ください。

5. 定時株主総会で最終報酬月額を上げる

（1）定時株主総会での引上げは一案

役員退職金をできるだけ支給したいという理由で、役員退職金支給前に大幅に報酬月額を引き上げることは、役員報酬と役員退職金の過大部分につき損金不算入リスクもあるため避けるべきです。

しかし、譲渡企業の前期業績が好業績であれば、定時株主総会で報酬を一定額引き上げることは合理的な説明がつきやすく一案です。

（2）期中での増減には一定の縛りがある

税務上、期中での役員報酬の増減には、次の3つを除き一定の制限をかけています。

ア）期首から3カ月以内の改定

イ）職制上の地位の変更・職務内容の重大な変更等による改定

ウ）経営状況の著しい悪化等による減額改定

たとえば、3月決算の会社で取締役の報酬を次のように改定する例を考えてみます。

① 定時株主総会開催月（5月）までの4月・5月が月額80万円。

② 6月～11月が月額100万円。

　※ 前期が好業績のため5月定時株主総会で増額決議。

③ 12月～3月が月額140万円。

　※ 当期が好業績のため11月臨時株主総会で増額決議。

この場合、定時株主総会での一定額の引上げについては問題ないものの、11月の臨時株主総会での引上額「(140万円−100万円) ×4カ月分 (③の期間) ＝160万円」が損金不算入となります。

80万円		100万円				40万円			
						100万円			

4月　　　　6月　　　　　　　　　　　　　12月　　　　　3月

6.妥当な功績倍率とは

功績倍率の妥当性については議論が分かれる部分ではありますが、代表取締役であれば3.0程度まで、平取締役であれば2.0程度まで、監査役であれば1.5程度までというのが実務的に多く用いられている倍率です。

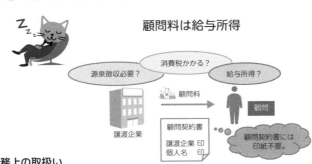

MAcafe

顧問料は給与所得

源泉徴収必要？　消費税かかる？　給与所得？

顧問料　→　顧問

譲渡企業

顧問契約書
譲渡企業 印
個人名 印

顧問契約書には印紙不要。

(1) 税務上の取扱い

退職した役員が、顧問として一定期間だけ業務引継ぎのために会社に残る場合、会社との顧問契約書に基づき支払われる顧問料は給与所得とされ次の取扱いとなる可能性が高いといえます。

① 源泉徴収 ： 必要
② 消費税 ： 不課税（消費税はかからない）

(2) 考え方

給与所得と事業所得など他の所得との区分は、総合的な実態判断を伴うものの、顧問は「他人を代替できない」「会社でそのまま勤務し指揮監督を受ける」などの理由で給与所得とされる可能性が高いといえます（所法28①、消基通1−1−1）。

3-2 退職所得と税額の計算方法

ポイント

・他の所得とは分離して所得および税を計算する。

・所得金額の計算で2分の1できるが、累進税率を適用。

・役員勤続5年以下の者の退職所得計算では2分の1できない。

1. 退職所得は他の所得とは分離して計算

退職所得は、原則として他の所得とは分離し次のように計算します。

退職所得＝（退職金－退職所得控除※）×1/2

※ 退職所得控除の算定（所法30③⑤）

① 勤続期間20年以下

40万円×勤続年数（最低80万円）

② 勤続期間20年超

800万円＋70万円×（勤続年数－20年）

（注）勤続年数は1年未満を切り上げた年数

なお、法人成りした場合や2社同時に退職した場合等の特殊な場合の退職所得控除の算定方法は、【3-8】をご参照ください。

2. 役員勤続5年以下の者の退職所得は2分の1できない

役員勤続年数が5年以下の者へ役員退職金を支給する場合には、退職所得金額の計算は「退職金－退職所得控除」となり、2分の1できないため注意が必要です。

なお、令和4年1月から、従業員で勤続年数5年以下の者の退職所得の計算は次のようになり、「退職金－退職所得控除」（Aとする）のうち300万円超の金額に対しては、2分の1できません。

① A≦300万円の場合
  A×1/2
② A>300万円の場合
  150万円+(A-300万円)

3．具体的な税額の計算方法

所得税（復興税込み）と住民税を合わせ、最高約56％の累進税率が適用され、次のように源泉徴収（特別徴収）税額が計算されます。

（1）所得税（復興税込み）

{退職所得金額(千円未満切捨て)×所得税税率（速算表※）}×1.021
＝税（1円未満切捨て）

※ 速算表は【1−3の3（1）】

（2）住民税

① 市町村民税

退職所得金額(千円未満切捨て)×6％＝税（百円未満切捨て）

② 都道府県民税

退職所得金額(千円未満切捨て)×4％＝税（百円未満切捨て）

③ 合計 ①+②

（3）源泉徴収（特別徴収）税額 ＝（1）+（2）

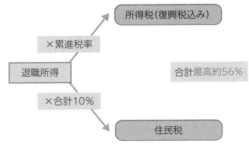

退職所得は他の所得とは分離して税額を計算するが、最高約56％の税率適用。

通常、所得計算で「×½」できるため、退職金に対しては最高約28％の税率となる。

3-3 支給の際には税金を差し引いて支給する

ポイント

- ・源泉徴収（特別徴収）を忘れずに。
- ・原則として源泉徴収（特別徴収）で課税が完結する。
- ・所得税（復興税込み）を概算徴収した場合は確定申告必要。

1. 原則として源泉徴収で課税が完結する

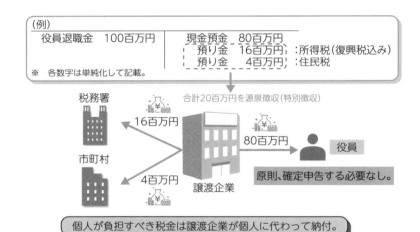

```
（例）
  役員退職金   100百万円    現金預金   80百万円
                            預り金    16百万円 ：所得税（復興税込み）
                            預り金     4百万円 ：住民税
 ※  各数字は単純化して記載。
```

税務署
16百万円

市町村
4百万円

合計20百万円を源泉徴収（特別徴収）

80百万円 → 役員

譲渡企業

原則、確定申告する必要なし。

個人が負担すべき税金は譲渡企業が個人に代わって納付。

　役員退職金にかかる税金は譲渡企業により源泉徴収（特別徴収）され、退職金を受け取る本人に代わって翌月10日までに所得税（復興税込み）は税務署へ、住民税は市町村へ納付されます。

　ただし、譲渡企業が退職金支給前に「退職所得の受給に関する申告書」（提出不要、会社保存）を退職金を受け取る本人から受け取っているか否かに応じて次のように取扱いが分かれます。いずれも、顧問税理士が税額を計算するケースも多く、この場合には事前に計算依頼が必要です。

（1）受け取っている場合（原則）

「退職所得の受給に関する申告書」の記載情報に基づき、源泉徴収（特別徴収）税額を前述【3-2の3】のように計算・納付することで課税と納付が完結するため確定申告が不要です。

（2）受け取ってない場合（例外）

所得税（復興税込み）の源泉徴収税額は「退職金×20.42%」で、住民税の特別徴収税額は前述【3-2の3（2）】のように計算します。

なお、この（2）の場合には以下の点にご注意ください。

① 所得税（復興税込み）の源泉徴収税額は「退職所得金額×20.42%」ではありません。

② 所得税（復興税込み）の確定申告を行うことにより、源泉徴収税額の概算額を精算する必要があります。

③ 住民税の特別徴収は上記（1）と同様に必要です。

2. 現物支給の場合の源泉徴収税額の受取り

役員退職金は通常は現金での支給となりますが、現金を支給せず、不動産や保険契約等の現物のみで支給するケースがあります。

この場合であっても源泉徴収（特別徴収）は必要であるため、譲渡企業は退職金を受け取る本人から源泉徴収（特別徴収）税額分の現金を受け取ったり、追加で現金支給するなどの対応を行う必要があります。

なお、その他の現物支給の留意点は【7-2】をご参照ください。

3. 支給した法人は法定調書の提出必要

役員退職金を支給した法人は、税務署、市町村へ法定調書を提出する必要があります【14-4】。

なお、住民税納付前に「特別徴収額納入内訳書」※の提出を求めている市町村も多くあります。

※ 一括で納入された退職所得に係る住民税額の個別の内訳を把握するため、退職者ごとの住民税額等を記載する書類。市町村により書類名・様式が異なる。

3-4 法人の損金算入時期、個人の所得認識時点

ポイント

・役員退職金の損金算入時点は、総会等での金額決議日が原則。

・役員の分掌変更の際の損金算入時点は支払日。

・個人での所得認識時点は総会等での金額決議日。

1. 法人の損金算入時期

（1）役員を退任する場合

実際に役員を退任する場合の役員退職金の損金算入時期は、次の①を原則とし、資金繰りの都合で大幅に支給が遅れる場合等に限り②も例外的に認められています（法基通9-2-28）。

① （原則）株主総会等による金額確定決議日

② （例外）費用処理（損金経理）することを条件に支払日

なお、経営上の主要な地位から外れることが損金算入を行うための前提です【3-5の1・2】。

（2）分掌変更する場合

役員の分掌変更に伴い役員退職金が支給される場合には、役員としての地位または職務内容が激変し実質的に退職したと同様の事情があると認められる場合に限り、損金算入できます。

たとえば、次の事実があった場合が該当しますが、いずれも経営上の主要な地位から外れることが前提となります【3-5の2・3】。

① 常勤役員が非常勤役員になる。

② 取締役が監査役になる。

③ 分掌変更後の役員給与がおおむね50%以上激減する。

この場合には、資金繰り等の理由による一時的な未払金等の計上を除き支払日で損金算入することになり、株主総会等による金額確定決議日との選択はできません（法基通9-2-32）。

2. 事例による損金算入時期検討

過去の事例で、次のようなものがありました。

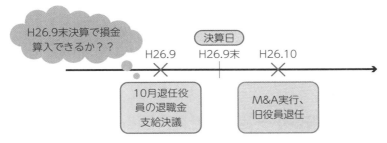

(1) 前提状況

・平成26年9月末本決算は好業績。

・平成26年10月にM&A実行、同日に旧役員は全員退任。

・旧役員退任と同時に役員退職金支給。

・平成26年9月に株主総会により翌月10月に支給する役員退職金の支給決議の実施を検討する。

(2) 論点

退職金支給に関する株主総会決議を9月に行うことで、平成26年9月末本決算において役員退職金を損金算入できるか。

(3) 結論

9月に損金算入を先取りすることはできません。

「法人税基本通達9−2−28」は「退職した役員」という書き出しで始まり、まずは役員を退任した事実があることを役員退職金の損金算入の前提としているため、9月末で当然に退任していない状態の役員について決議だけを先行させ、損金算入を先取りすることはできません。

なお、この事例では10月に支給決議を行うこととしました。

3. 受け取る個人の所得認識時点

株主総会等による金額確定決議日（所基通36−10）となります。

3-5 役員退職金が役員賞与扱いとなることもある

・役員賞与となれば、法人では全額が損金不算入。

・役員賞与となれば、個人では給与所得扱い。

・経営上の主要な地位から実態上も外れる必要がある。

1. 退職役員が一定期間社内に残る場合のリスク

退職した役員が、顧問等として一定期間だけ業務引継ぎのため会社に残るケースは少なくありません。役員退職金を損金算入するためには、経営上の主要な地位から外れることを必須とし、必須ではないものの報酬も従前の金額からおおむね半額以下にしておくとより安全といえます。

実態上、経営上の主要な地位から外れていないと判断された場合、役員退職金が役員賞与扱いとされ次の課税関係となります。

---

① 譲渡企業

 ・支給額全額が損金不算入。

 ・源泉徴収漏れが発生。

② 受け取る個人

 ・支給額全額を給与収入とした給与所得課税。

実質的に経営上の主要な地位から外れていないと・・・

役員賞与として損金不算入！

役員退職金

給与所得課税！

譲渡企業
源泉徴収漏れが発生

役員

2. 主要な地位から外れる必要がある

「どのようになれば経営上の主要な地位から外れるのか？」について、明確な指針はありませんが、株式を譲渡することを前提とすれば、次のような事項は守る必要があります。

> ① 契約書への押印者や稟議決裁者になっていない。
> ② 人事の最終決裁権を持っていない（採用や昇格・降格、賞与の査定など）。
> ③ 銀行との間で主要な融資の交渉を行っていない。
> ④ 営業等における主要な判断や責任を担っていない。
> ⑤ 取締役会、経営会議など主要な会議に参加していない。

3. 代表取締役が常勤の取締役で残る場合

代表取締役であるオーナーが常勤の取締役として社内に残るにもかかわらず、分掌変更に伴う役員退職金を支給する場合には、報酬を従前の半額以下にしたところで、「経営上の主要な地位から外れている」という実態面から退任したとの説明がむずかしく、役員退職金は役員賞与として損金不算入、個人側では給与所得扱いされる可能性は高いといえるでしょう。

分掌変更に伴う
役員退職金受取り

代表取締役 が 常勤取締役 へ

役員退職金は損金不算入、給与所得扱いの可能性が高い。

譲渡企業には源泉徴収漏れが発生

3-6 法人税法上の限度額を超えた支給

ポイント

・法人では、過大部分を損金不算入。

・個人では、過大部分を含めた全額に基づく退職所得扱いが原則。

・許認可の要件等への影響にも留意する。

1. 損金算入できる金額の目安

役員退職金は、税務上認められる範囲内で損金算入できます。

ただし、その範囲や適正金額算定についての明確な規定等が存在せず、勤続期間、退職の事情、類似法人の支給状況等を総合勘案して判断することになります（法法34②、法令70二）。

実務上は、「最終報酬月額×勤続年数×役位に応じた功績倍率」をいったんの目安に損金算入できる金額を検討するケースが多いでしょう。

2. 過大退職金を支給した場合の取扱い

（1）譲渡企業

過大部分のみを損金不算入扱いとします。

法人税法上過大であるとされた役員退職金は、役員賞与のように支給額全額が損金不算入とされるわけではありません。

（2）受け取る個人

その過大部分を含めた退職金全額を退職収入として退職所得とするのが原則的な取扱いです（所法30①）。

3. 税務署への個別相談事例

過去の事例で、次のようなもの（金額はおおよその額）がありました。

（1）前提状況

・旧代表取締役への役員退職金を10億円支給する。

・「最終報酬月額×勤続年数×功績倍率3.0」と「功労金（左記算式の30%）」（次の「4.」参照）の合計金額が1億円。

・譲渡企業では9億円を税務上損金不算入。

（2）論点

退職金を受け取る個人では、10億円をもとに退職所得を計算してよいのか、9億円部分は賞与や配当等とされ給与所得や配当所得等と扱われるリスクはないのか。

（3）税務署からの回答例

税務署に個別相談を行った結果、10億円全額を退職金として受け取ったものとし退職所得を計算してよいとの回答を得ました。

「退職に伴い受け取る金額」とのことで、所得税法30条1項に基づく考え方でした。

（4）個別相談のすすめ

この考え方がすべてのケースで当てはまるか否かの確証は取れておらず、特にここまで高額で損金算入限度額の目安を大きく上回る場合には、税務署に個別相談をするのがよいでしょう。

給与所得、配当所得
課税リスクは？

役員退職金10億円※

譲渡企業

役員

1億円損金算入
9億円損金不算入

10億円全額を退職収入とし退職所得課税

※ この図では、源泉徴収（特別徴収）を考慮していません。

4.功労金の税務上の取扱い

役員退職金を支給する際に、併せて「最終報酬月額×勤務年数×役位に応じた功績倍率」の30%の範囲内で「功労金」を支給するといった役員退職金規程が多くあります。

税務上認められれば、この金額を含めて、譲渡企業では損金算入、受取側では退職所得扱いとなります。

5.許認可等への影響に留意

（1）許認可

役員退職金を多額に支給することで純資産が大幅に減少するため、「一定額以上の純資産があること」が一つの要件となる許認可業種では許認可の要件への影響に留意が必要です。事例で多く出てくる業種としては特定建設業が挙げられます。

（2）経営事項審査

公共工事を受注する建設業の会社であれば、純資産減少に伴う経営事項審査の評点への影響にも念のためご留意ください（結果として、影響が小さいケースが多いです。）。なお、特別損失である役員退職金は平均利益額（営業利益＋減価償却費）に関する評点には影響はありません。

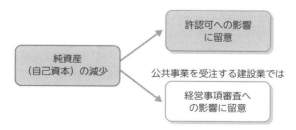

6. 事前確定届出給与がある場合

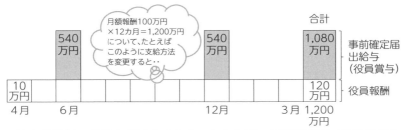

社会保険料の負担を軽減するため、たとえば、年間報酬額（役員賞与なし）1,200万円の役員に対し、報酬月額を100万円から10万円に減額し、年間の減額分1,080万円（1,200万円−120万円）を事前確定届出給与（損金算入可能な役員賞与）【1−7の1】として支給する譲渡企業があります。

（1）リスク

最終報酬月額をもとに功績倍率方式【3−6の1】により役員退職金を算定すると、その金額は小さくなり損金算入できる金額の目安が小さくなってしまうことが考えられます。

（2）対応

役員退職金を支給することが想定される場合、譲渡企業においてももとの報酬月額の水準に早めに戻しておくように対応したほうがよいでしょう。

役員退職金を支給した際の課税のまとめ

役員退職金を支給する際には、まず役員賞与に該当しないか検討し、その次に役員退職金として適正金額か否かを検討します。課税関係をまとめると次のとおりです。

3-7 一般的な決議時期、分割支給

・退職後長期間経過した後の決議は損金不算入リスクあり。
・分割支給の場合、源泉徴収総額を各回支払額に按分して徴収。
・長期分割支給の場合、支給時の損金、雑所得扱い。

1. 一般的な決議時期

　株主総会等の決議は、いつまでに行われなければならないという税法上の規定等が存在しないものの、通常、役員退職金は、その退職後最初に開催される定時株主総会までに支給決議が行われるのが一般的です。

　退職後長期間経過してから支給決議が行われる場合には、利益調整目的の支給と捉えられかねず、損金不算入リスクが残ってしまうため、支給決議を必要以上に遅らせるのは避けるべきです。

2. 分割支給した場合の源泉徴収（特別徴収）の仕方

（1）所得税（復興税込み）

　役員退職金を分割支給した場合の源泉徴収は、支給総額に対する税額を各回の支給額に按分して計算し徴収します（所基通201-3、183～193共-1）。

（2）個人住民税

　所得税と同様の取扱いです。

　なお、1回目の納付までに、「特別徴収額納入内訳書」【3-3の3】に加

えて、分割支給する場合には「分割の内訳計画書」※の提出を求めている市町村も多くあります。

※　退職金の分割支給予定年月、予定額、住民税額の徴収額等を記載する書類。市町村により書類名・様式が異なる。

（例）役員退職金100百万円（この金額に対する源泉徴収（特別徴収）税額は20百万円）を毎月10回に分け分割支給するとします。

※　各数字は単純化して記載。

1回当たりの源泉徴収（特別徴収）税額は、

20百万円×（10百万円（毎月支給額）÷100百万円（支給総額））

＝2百万円

---

3. 長期分割支給の取扱い

役員退職金を長期（一般的には3年以上といわれています。）にわたり分割支給すると、退職年金として次の取扱いとなります。

（1）譲渡企業

総額を一括で損金処理できず、各支給時期の損金となります（法基通9−2−29）。

（2）受け取る個人

公的年金等に係る雑所得として総合課税の対象となります。

> 長期分割支給の場合は、退職所得とならない。

3-8 特殊なパターンの退職所得控除算定上の留意点

ポイント

・役員昇格時に退職金受取未済の場合、従業員勤続年数も通算可。

・法人成り後の勤続期間しか使用できない。

・兄弟会社等を同時退職する場合は長いほうの勤続期間のみ使用。

1. 従業員から昇格している場合

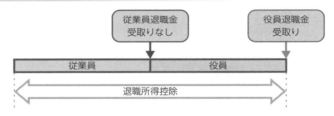

（1）前提状況

　従業員から役員へ昇格した際に、従業員時代の退職金を受け取っておらず、役員退職金を受け取る場合。

（2）退職所得控除算定と留意点

　控除額は従業員勤続期間も通算して算定するため（所令69①）、役員昇格時に従業員退職金を受け取っていないかの確認が必要です。

　なお、役員退職金は役員在任期間をベースに金額を算定します。

2. 法人成りしている場合

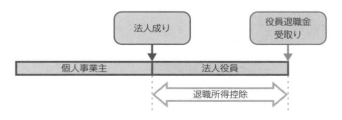

（1） 前提状況

　オーナーが個人事業から事業をスタートし、後に法人成りをし法人退職に伴い役員退職金を受け取る場合。

（2） 退職所得控除算定と留意点

　控除額は法人成り後の勤続期間のみで算定し（所令69①）、役員退職金の算定そのものも同様です。なお、有限会社から株式会社へ組織変更しているのみの場合は有限会社時代の勤続期間を通算できます。

3.2社同時退職する場合

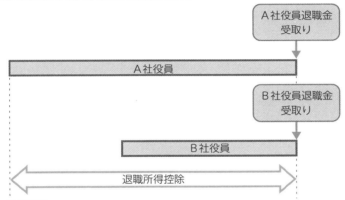

（1） 前提状況

　親子関係にある会社や兄弟会社の状態にある会社を、M&Aによりまとめて譲渡し、そのグループ内の2社を同時に退職し、2社双方から役員退職金を受け取る場合。

（2） 退職所得控除算定と留意点

　控除額はそれぞれの会社の勤続期間分をそれぞれの所得計算で使用できるのではなく、2社のうちいずれか長いほうの勤務期間で算定したものしか使用できないため（所令69①三）、2社譲渡の案件では要注意です。

＿＿＿＿退職所得の計算＿＿＿＿

　「（A社退職金＋B社退職金－長いほうの退職所得控除）×1／2」で計算します。

　なお、A社・B社それぞれの源泉徴収の方法は【国税庁HP＞タックスアンサー（よくある税の質問）＞源泉所得税＞退職金と源泉徴収＞同じ年に2か所以上から退職手当等が支払われるとき】をご参照ください。住民税の特別徴収の方法も同様です。

4. 前年以前4年内に他の退職金を受取り済みの場合

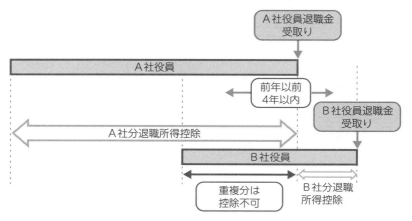

（1）前提状況

　M&Aに伴うB社役員退職金を受け取る年の前年以前4年内にA社役員退職金を受け取っている場合。

（2）退職所得控除算定と留意点

　前回控除を受けた勤続期間と今回控除を受ける勤続期間の重複部分は、今回の勤続期間からは控除しなければなりません（所法30⑤一、所令70①二③）。具体的にはB社勤続期間分の控除額から重複期間（1年未満切捨て）分の控除額を控除して算定するため、この4年内にグループ企業等で退職金を受け取っていないかの確認が必要です。

　なお、前回の支給時期と今回の支給時期がこの4年の期間を超える場合は、重複期間についてもう一度控除を受けることができます。

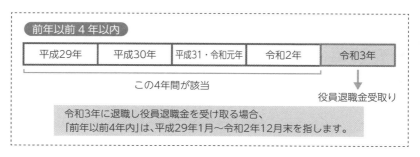

5. 小規模企業共済に加入している場合

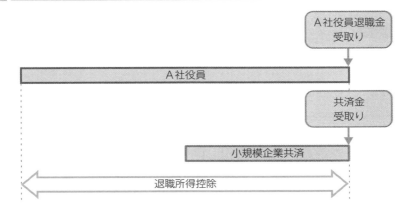

(1) 前提状況

　会社から役員退職金を受け取り、また、オーナーが個人で加入していた小規模企業共済から一括で共済金を受け取る場合。

(2) 退職所得控除算定と留意点

　前記「3.」と同様、退職所得控除はそれぞれの所得計算で使用できるのではなく、勤続年数、共済加入期間のうちいずれか長いほうの期間で算定したものしか使用できないため（所令69①三）、この小規模企業共済に加入していないかの確認が必要です。

退職所得の計算

「（A社退職金＋共済金－長いほうの退職所得控除）×1／2」で計算します。

なお、A社・小規模企業共済それぞれの源泉徴収等の方法は前記「3.」と同様です。

3 役員退職金

3-9 相続発生後役員退職金を支給した場合

ポイント

- ・所得税（復興税込み）・個人住民税はかからず源泉徴収不要。
- ・相続税の課税対象になるが一定額は非課税。
- ・弔慰金を併せて支給すれば税負担軽減効果あり。

1. 所得税等がかからないため源泉徴収不要

　死亡した者に係る退職金は、死亡後３年以内に支給確定した場合には相続税の課税対象となるため、所得税（復興税込み）および個人住民税はかからず、源泉徴収（特別徴収）も必要ありません（所法9①十六、所基通9－17、相法3①二）。

2. 一定額までなら相続税もかからない

　全相続人が取得した死亡退職金合計が、非課税額「500万円×法定相続人の数」（相法12①六）以下であれば相続税も課税されません。この非課税額を超える額は相続税の課税対象となります。

【国税庁HP>タックスアンサー（よくある税の質問）>相続税>相続と税金>相続税の課税対象になる死亡退職金】

3. 弔慰金の支給を検討する

　弔慰金は、死亡退職金と併せて支給すると税負担軽減効果があります。各税目の取扱いは次のとおりです。

（1）相続税

　次の①・②の金額までは相続税は非課税となり、超える額は退職金として相続税の課税対象となります（相法3①二、相基通3-20）。

---

① 業務外の死亡の場合：報酬月額×６カ月

② 業務中の死亡の場合：報酬月額×３年分（36カ月）

（2）所得税（復興税込み）・個人住民税

　前記①・②の金額は所得税（復興税込み）もかかりません（所法9①十七、十八、所令30、所基通9-23）。また、個人住民税もかかりません。

（3）法人税

　適正額であれば損金算入されますが、法人税法ではその明確な規定等は存在しません。実務上は、前記（1）相続税①・②の金額相当が適正額の参考となります。適正額は支給日の属する期に損金算入し、超える額は退職金に含めて、退職金が不相当に高額か否かを判断し、過大部分は損金不算入とされます（法法34②）。

（4）消費税

　課税仕入には該当せず、消費税はかかりません。

4. 死亡による役員退職金も適正額なら損金

　死亡退職金は、通常の役員退職金と同様に適正額まで損金算入できます。

弔慰金のうち相当額を超える額

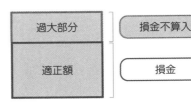

5. 支給した法人は法定調書の提出必要

　死亡による役員退職金を支給した法人は、税務署へ法定調書を提出する必要があります【14-4】。

　なお、通常、役員退職金を支給した際に提出する「退職所得の源泉徴収票」とは異なる様式の法定調書となります。

第 4 章

欠損金関係

本章のねらい

　欠損金は、翌期以降へ繰越しできるため譲渡企業におけるM&A後の課税にも影響が生じます。その留意点および前年の納付済み法人税の還付請求にも利用できる点等を確認します。

4-1 欠損金の繰越控除

- 法人税、事業税では欠損金の繰越控除として繰越可。
- 資本金1億円超の法人等は所得全額に繰越欠損金の充当不可。
- 申告書により各年の欠損金がいつまで繰越しできるかを確認。

1. 法人税も法人事業税も繰越可能

　青色申告法人では1事業年度中に発生した損金が益金を上回った場合、その上回った欠損金部分は翌期以後一定年数※繰り越し、古い年度に生じたものから順番に翌期以後に生じた所得に充当できます。法人税と法人事業税において同様です。

　※　一定年数は、次のように欠損金が生じた年度に応じ異なります。
　　①　平成20年4月以後終了事業年度発生分：9年
　　②　平成30年4月以後開始事業年度発生分：10年
---

2. 資本金1億円以下の法人では所得全額に繰越欠損金の充当可

　資本金1億円以下の法人であれば、繰越控除前の所得金額全額に繰越欠損金を充当できます。

　しかし、次の法人では、繰越控除前の所得金額の50%までしか繰越欠損金を充当できず、課税が生じます。この取扱いも法人税と法人事業税において同様です。

（1）資本金1億円超の法人（平成27年4月以後開始事業年度から、設立後7年間はこの一定額の制限なし）

（2）資本金5億円以上の法人による完全支配関係がある法人（100%子会社等）【11－2】

（3）完全支配関係がある複数の資本金5億円以上の法人に100%保有されている法人【11－2】

令和3年度税制改正において、認定を受けた事業適用計画に従って行った投資の金額の範囲内で、2年間で生じた欠損金※を繰越控除前の所得金額の最大100%まで充当できる時限措置が設けられています。

※ 令和2年4月1日〜令和3年4月1日までの期間内の日を含む事業年度（一定の場合、令和2年2月1日〜同年3月末までの間に終了する事業年度およびその翌事業年度）に生じた青色欠損金

3. 繰り越せる年数を別表で確認

法人税の別表一（一）を見れば、翌期以後に繰り越す欠損金の総額を確認できますが、法人税の別表七（一）（法人事業税では第六号様式別表九）により、各期に発生した欠損金がいつまで繰り越せるかという使用期限を確認すべきです。

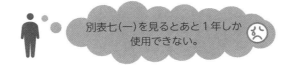

別表七(一)を見るとあと1年しか使用できない。

4. 休眠会社の株式を取得した場合

休眠会社の株式取得をした際の休眠会社の繰越欠損金の取扱いは、【11－3の2】をご参照ください。

5. 連結納税グループが株式を取得した場合

連結納税グループが100%株式取得した際の譲渡企業の繰越欠損金の取扱いは、【12－4】をご参照ください。

6. 通算グループが株式を取得した場合

通算グループが100%株式取得した際の譲渡企業の繰越欠損金の取扱いは、【13－4】をご参照ください。

4-2 譲受企業への欠損金の引継ぎ

ポイント

・繰越欠損金引継手法は適格合併と100%子会社清算のみ。

・繰越欠損金の引継ぎは可能だが、制限規定がある。

・制限ありでも子会社化した期以後の役員退職金の損金は引継ぎ可。

1. 繰越欠損金の引継手法は2つ

　M&A後、100%子会社となった譲渡企業の繰越欠損金を譲受企業に取り込みたいというケースがあります。

　手法としては適格合併と譲渡企業の清算という2つしかありません。清算については【9-4】で触れますので、ここでは適格合併での繰越欠損金の引継手法について要約してみていきます。

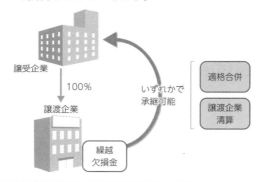

2. 繰越欠損金の引継ぎ等には制限ルールがある

(1) 被合併法人の繰越欠損金

　譲受企業が100%子会社となった譲渡企業を合併により吸収すると、適格合併となり無税で合併を実施できます。

　また、その際に譲渡企業の繰越欠損金を引き継げますが、その引継ぎには制限ルールがあります。

① 子会社化後5年超の後の合併

この50%超の支配関係が「譲受企業の合併日が属する期の開始日から5年前の日」※以後継続した後に適格合併すれば繰越欠損金の全額を引き継げます。

※　この日以後に合併法人、被合併法人いずれかの設立日があればその設立日。

② 子会社化後5年以内の合併

5年以内に合併した場合には、みなし共同事業要件（後掲【4-2の参考】）を満たせば、繰越欠損金の全額を引き継げますが、満たさなければ一定の場合※を除き次の欠損金は切り捨てられ引継ぎできません（法法57③）。

ア) 子会社化された期の前期以前に生じた欠損金。
イ) 子会社化された期以後に生じた欠損金のうち不動産等の特定資産の譲渡損等。

※　譲渡企業における子会社化された期の前期末純資産に含み益がある場合など（法令113①②③）。

ここで注目すべきは、この「制限あり」の場合であっても、子会社化された期以後に生じた役員退職金支給等による損金であれば引き継げる点です。

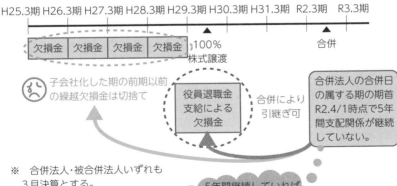

121

（2）合併法人の繰越欠損金

　合併法人の繰越欠損金についても前記（1）と同様の使用制限が課されており（法法57④）、子会社化後5年以内の適格合併を行った結果、合併法人における子会社化した期の前期以前の繰越欠損金が消滅することもありうるため、引継制限同様、留意が必要です。

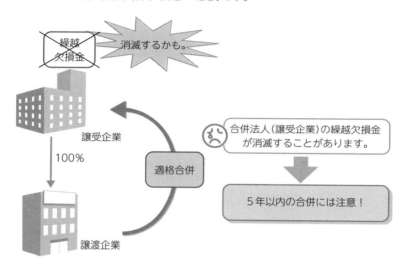

（3）法人事業税

　法人事業税の所得割の計算は法人税の計算の例によるため、この適格合併による被合併法人の繰越欠損金の引継制限・合併法人の繰越欠損金の使用制限規定が同様に適用されます。

（4）含み損のある資産

　子会社化後5年以内の適格合併の場合、上記の繰越欠損金の各制限のほかに、合併法人では、みなし共同事業要件を満たす場合等を除き、合併法人または被合併法人が保有していた不動産等の特定資産の譲渡損等を一定期間損金算入できません（法法62の7）【6－2の3】。

【参考】みなし共同事業要件（法令112）

次の①〜③、または、①および④を満たす場合をいう。

①　事業関連性要件

　被合併法人の事業と合併法人の事業が相互に関連するものであること。被合併事業および合併事業は、それぞれが営む事業（被合併法人については主要な事業。次の②・③において同じ）のうちのいずれかの事業が関連していればよい。

②　規模要件

　被合併事業と合併事業のそれぞれの売上金額、従業者の数、被合併法人と合併法人のそれぞれの資本金の額またはこれらに準ずるものの規模の割合がおおむね5倍を超えないこと。いずれか1つの指標を満たせばよい。

③　規模継続要件

　被合併事業および合併事業が支配関係発生日から合併直前の時まで継続して営まれており、かつ、両時点における事業規模（②で使用した指標に限る）の割合がおおむね2倍を超えないこと。

④　経営参画要件

　被合併法人の合併前における特定役員※のいずれかの者と、合併法人の合併前における特定役員のいずれかの者とが当該合併の後に合併法人の特定役員となることが見込まれていること。

※　特定役員とは、社長、副社長、代表取締役、代表執行役、専務取締役もしくは常務取締役またはこれらに準ずる経営従事者をいう。支配関係発生日前において役員等であった者に限る。

4-3 欠損金が生じた場合、前年の法人税を還付請求できる

ポイント

・欠損金が生じた場合は納付済みの前年の法人税を還付請求できる。
・還付請求した場合、法人税と事業税の繰越欠損金に差額が発生。
・還付請求した場合、住民税では還付法人税額を課税標準から控除。

1. 前年の法人税を還付請求できる

（1）内容

「欠損金の繰戻還付制度」とは、所得が生じた事業年度（以後、「還付所得事業年度」という）の翌期に欠損金が生じた場合において、還付所得事業年度に係る法人税を還付所得事業年度の所得に占める翌期の欠損金の割合で還付請求できるという、法人税にのみ認められている制度です（法法80①）。この対象とした欠損金の金額だけ法人税法上の繰越欠損金は少なくなります。

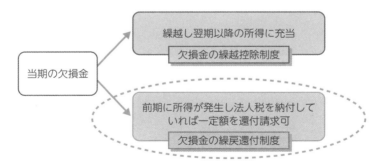

（2）地方法人税

還付所得事業年度に地方法人税が別途課されている場合には、「法人税の還付税額×4.4%（令和元年10月以後開始事業年度からは10.3%）」の地方法人税が法人税の還付税額と併せて還付されます（地法法23①）。

124

（3）手続

　還付所得事業年度から青色申告書を提出し、欠損が生じた事業年度（以後、「欠損事業年度」という）の青色申告書の提出と同時に、この欠損金の繰戻還付請求書を提出する必要があります。

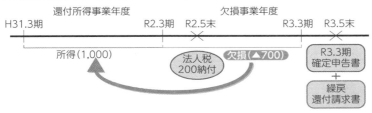

2. 還付額の算出

　還付額は、「還付所得事業年度の法人税額×（欠損事業年度の欠損金額（分母を上限）／還付所得事業年度の所得金額）」で算出し、上記「1.」（3）の図の例では「200×700／1,000＝140」となります。

3. 資本金1億円以下の法人で適用できる

（1）内容

　本制度は、資本金1億円以下の法人（ただし①または②を除く）等以外の法人では令和4年3月末までに終了する各事業年度に生じた欠損金について適用が停止されています（措法66の12）。

①　資本金5億円以上の法人による完全支配関係がある法人（100％子会社等）【11－2】

②　完全支配関係がある複数の資本金5億円以上の法人に100％保有されている法人【11－2】

（2）新型コロナ特例

　新型コロナウイルス感染症緊急経済対策における税制上の措置として、令和2年2月1日から令和4年1月末までに終了する事業年度に生じた欠損金について、上記（1）の法人に加え、資本金1億円超10億円以下の法人※にも適用が拡大されました。

※　資本金10億円超の法人の100％子会社等は除く

4. 法人事業税、法人住民税にこの制度はない

　法人事業税や法人住民税には欠損金の繰戻還付制度のような制度はありません。

（1）法人事業税

　法人税でこの制度を適用した場合には、この繰戻還付の対象とした欠損金の金額分だけ、法人税での繰越欠損金残高と法人事業税での繰越欠損金残高にズレが生じます。

　前記「1.」（3）の図の例では、還付請求した結果、法人税の繰越欠損金は「ゼロ」、法人事業税の繰越欠損金は「700」となります。

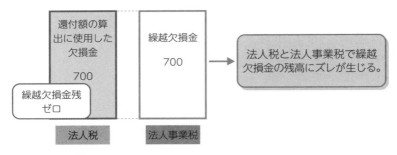

（2）法人住民税

①　内容

　法人税割の算出において、欠損金の繰戻還付請求による還付法人税額を、欠損事業年度の翌期以後の各期の課税標準となる法人税額から控除します（地法53⑫、321の8⑫［令和4年4月～地法53㉓、321の8㉓］）。

②　繰越年数

　還付法人税額（欠損事業年度と同じ期に発生したと考えます。）は、次の各発生事業年度によりそれぞれ繰り越せる年数が異なります。前記「1.」（3）の例では、令和13年3月期まで繰越可能です。

　ア）　平成20年4月以後終了事業年度発生分：9年

　イ）　平成30年4月以後開始事業年度発生分：10年

法人税割の算出方法

通常

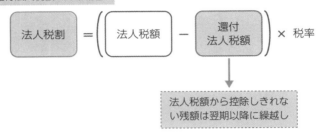

還付法人税額がある場合

法人税額から控除しきれな
い残額は翌期以降に繰越し

当期の欠損金の取扱い

法人税	欠損金の繰越控除　または　前期に係る納付額があれば一定額を還付請求。
法人事業税	欠損金の繰越控除のみ。
法人住民税	還付法人税額が生じれば課税標準である法人税額から繰越控除。

第 **5** 章

配当・自己株買い

■ 本章のねらい

　法人株主の場合の配当・自己株買いは、M&A前の株価圧縮手法とし
て譲受企業側の資金負担を軽減するために用いられることが多く、M＆
Aをスムーズに運ぶために必須の知識といえます。また、配当はM&A
後の投資回収手法として利用できます。これらの課税関係と留意点等を
確認します。

5-1 配当と自己株買いの比較

ポイント

・法人株主の場合、非課税措置があるため株価圧縮手法として有効。

・M&A後配当を受けることで投資回収できる。

・株主1人からの自己株買いも可能。

1. 配当と自己株買いの実施場面

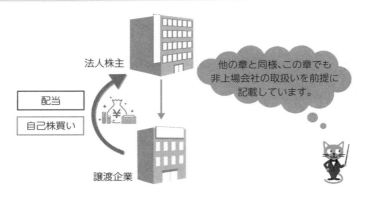

法人株主

他の章と同様、この章でも
非上場会社の取扱いを前提に
記載しています。

配当

自己株買い

譲渡企業

（1）M&A 前

　株価が高額になる譲渡企業において、役員退職金を相当額支給しても譲受企業にとってまだまだ高額であるような場合には、事前の株価圧縮手法として、配当金支払や自己株買いを検討する余地があります【5-3】。

（2）M&A 後

　子会社となった譲渡企業から配当を受けることで、譲受企業の投資回収ができます【5-7の1】。

2. 法人株主の場合は株価圧縮手法として有効

　事前の株価圧縮手法としての利用を考えると、株主が受け取った配当金（自己株買いの場合はみなし配当額【5-5】）は、個人株主の場合には総合

課税の対象となり累進税率が適用されるため、税負担を考えるとあまり有効な手法とはいえませんが、法人株主の場合には「受取配当の益金不算入」という非課税措置【5-6】があるため有効な手法といえます。

3. 比較一覧

配当と自己株買いの手法の違いは次のとおりです。

No.	項 目	金銭配当	自己株買い
1	手続	株主総会普通決議	株主総会特別決議（特定株主からの取得）または株主総会普通決議（不特定株主からの取得）のほか、取締役会決議等、配当と比べ手続がやや煩雑。 ▶特定株主からの取得の場合は、特定株主以外の株主が自らを売主として追加請求できるため留意。
2	臨時株主総会決議での実施	可能　（定時でも臨時でもOK）	可能　（定時でも臨時でもOK）
3	分配可能額の制限対象	制限対象	制限対象
4	価格の決定	特に留意事項なし。	買取価格（@株価）の妥当性を検討する必要あり。
5	特定の株主のみへの実施	不可 ▶株主全員に配当する形となり、株主に個人がいる場合には、総合課税されるため税負担を考えると実施しづらい。	可能 ▶複数の株主がいる場合も、株主1人（たとえば、法人株主1社）からの自己株買いも可。
6	譲渡企業側での課税	なし。配当額×20.42％（復興税込み）を源泉徴収。	なし。みなし配当額×20.42％（復興税込み）を源泉徴収。
7	法人株主側での課税	① 受取配当額は益金不算入規定による非課税措置あり。 ② 源泉徴収額は次のいずれかの処理。 ア）配当計算期間のうち元本保有期間分は法人税額から税額控除、残りは損金処理※ イ）損金処理※	① 受取配当額は益金不算入規定による非課税措置あり。 ② 源泉徴収額は次のいずれかの処理。 ア）法人税額から全額税額控除 イ）損金処理※ ③ 100％グループ内の内国法人間を除き、株式譲渡損失の計上による税負担軽減効果を得られる余地あり。

※　No.7②損金処理について、金銭配当、自己株買いのいずれも、法人事業税所得割の計算では損金不算入処理。

4. 支払法人は法定調書の提出必要

配当金支払、自己株買いを行った法人は、税務署へ法定調書を提出する必要があります【14-4】。

5-2 源泉徴収の取扱い

ポイント

- ・支払法人(非上場会社)は「配当金×20.42%」を源泉徴収する。
- ・個人株主が一定額超の配当を受けた場合は確定申告で精算必要。
- ・法人株主では源泉徴収税額を法人税から税額控除できる。

1. 支払法人で源泉徴収が必要

　法人は、配当や自己株買いを行う場合、源泉徴収を行いその源泉徴収税額を差し引いた後の金額を株主に支払います。

　非上場会社における源泉徴収税額は、「配当金(自己株買いの場合は、みなし配当額)×20.42%(復興税込み。住民税はなし。)」の金額となり、受け取る者に代わり、支払法人が翌月10日までに税務署に納付します。

配当金にかかる税金の納税

(例)定時株主総会で決議された100万円を1人株主へ配当する。

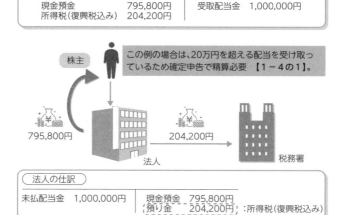

株主の仕訳イメージ

| 現金預金 | 795,800円 | 受取配当金 | 1,000,000円 |
| 所得税(復興税込み) | 204,200円 | | |

株主

この例の場合は、20万円を超える配当を受け取っているため確定申告で精算必要 【1-4の1】。

795,800円　　204,200円

法人　　　　　　　　税務署

法人の仕訳

| 未払配当金 | 1,000,000円 | 現金預金 | 795,800円 |
| | | 預り金 | 204,200円 :所得税(復興税込み) |

204,200円を源泉徴収

132

2．株主側の源泉徴収税額の取扱い

（1）個人株主の場合

給与を1カ所から受けており給与所得および退職所得以外の所得（配当所得を含む）の合計額が20万円超の場合には、所得税（復興税込み）の確定申告を行い源泉徴収税額の精算が必要です（所法121①一）【1−4の1】。

なお、「10万円×配当計算期間月数÷12」以下の配当は、所得税（復興税込み）の確定申告では選択により除外して申告できます（措法8の5①③、措令4の3②）が、住民税では配当所得から除外できません【1−4の1】。

（2）法人株主の場合

① 配当金に係る額

次のいずれかの処理を行います。

ア）源泉徴収税額のうち配当計算期間[※1]中の元本保有期間分につき損金不算入としたうえで、法人税額から税額控除（控除しきれない金額は還付）。残りは損金処理[※2]。

イ）損金処理[※2]。

[※1] 配当計算期間

前回支払われた配当基準日の翌日から今回の配当基準日までの期間（最長12カ月）（法令140の2②）。

[※2] 損金処理

事業税所得割の計算では、所得税（復興税込み）は損金不算入（地令21の2の2）。次の②のイ）も同様。

> M&A後、親会社となった譲受企業が株式取得後1年を経過しないうちに譲渡企業から配当金を受け取った場合、保有期間に応じた額しか税額控除できないためご注意ください【5−7】。

② 自己株買いに係る額

次のいずれかの処理を行います。

ア）損金不算入としたうえで、法人税額から全額を税額控除（控除しきれない金額は還付）。

▶配当のように元本所有期間に応じた額を算出するという考え方はありません。

イ）損金処理[※2]。

5

配当・自己株買い

5-3 配当と自己株買い 実施手法（M&A前）

ポイント

・M&A前の実施により譲受企業の初期投資を抑えられる。

・益金不算入規定を適用させ、課税対象額を圧縮できる。

・複数の株主がいれば法人株主からのみの自己株買いは有効。

1. 法人株主へ配当後、M&A を行う手法

（前提）　法人税等34％、源泉徴収税率20％、譲渡費用ゼロ、各金額は百万円単位とする。

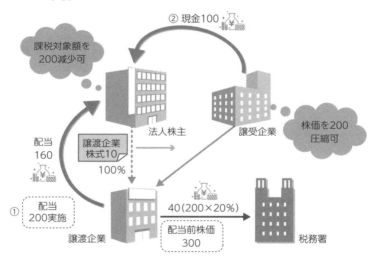

法人株主の法人税等の負担は…

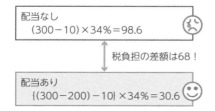

配当なし
（300−10）×34％＝98.6

税負担の差額は68！

配当あり
{（300−200）−10} ×34％＝30.6

（1）前提状況（例）

10年ほど前から資産管理会社が株式を100％保有している譲渡企業があり、譲受企業と株価が折り合わない状況です。

（2）実施手法

M&A直前に譲渡企業から株主である資産管理会社へ配当200（源泉徴収前）を実施後、資産管理会社は譲渡企業株式を譲受企業へ譲渡します。

（3）効果

①　譲受企業

配当金額200だけ株式取得代金を圧縮できます。

②　法人株主

ア）受取配当益金不算入

資産管理会社では受け取った配当金200は全額非課税となるため、株式譲渡益を配当金額だけ少なくでき、課税対象金額を200圧縮できます。

イ）源泉徴収税額の税額控除

源泉徴収税額40は、配当金受取時には差し引かれますが、法人税額から税額控除できる（控除しきれない金額は還付される）ため、結果として源泉徴収前の200を受け取る形となります。

> 株主が法人のみの場合には、事前の配当を検討してみる。

> 配当金×20.42％の源泉徴収を忘れずに行う。

※　許認可等への影響【3-6の5】にも留意する（後掲「2.」も同様）。

※　令和2年度税制改正により、法人株主が一定の配当を受け取った場合、法人株主の保有する税務上の子会社株式簿価を受取配当の益金不算入額だけ減額する取扱いが設けられました。ただし、その子会社において、その設立日から法人株主との間で50％超の支配関係が発生した日までの間に、非居住者や外国法人がその発行済株式総数の10％超を保有したことがない場合等はこの取扱いの対象外となるため、実務的にこの取扱いが適用されることは稀であるといえます。

2. 法人株主から自己株買い後、M&Aを行う手法

（前提）　法人税等34%、源泉徴収税率20%、譲渡費用ゼロ、みなし配当の非課税割合
　　　　50%、子会社株式10＝出資の払戻額【5－5】、各金額は百万円単位とする。

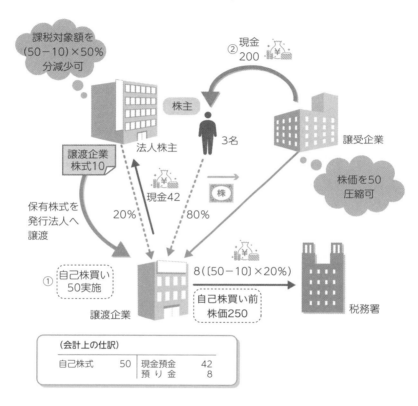

（会計上の仕訳）

自己株式	50	現金預金	42
		預り金	8

法人株主の法人税等の負担は…

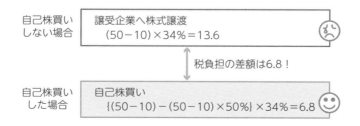

自己株買いしない場合	譲受企業へ株式譲渡 (50−10)×34%＝13.6	☹

税負担の差額は6.8！

自己株買いした場合	自己株買い {(50−10)−(50−10)×50%}×34%＝6.8	☺

（1）前提状況（例）

　オーナー一族３名と法人１社が株主である譲渡企業があり、譲受企業と株価が折り合わない状況です。

（2）実施手法

　譲渡企業が、M&A時に法人株主１社が保有する譲渡企業株式をM&A価額と同額の株価により自己株買い50（源泉徴収前）を実施し、オーナー一族３名の保有株式を譲受企業に譲渡します。

　なお、配当であれば株主全員に実施しなければなりませんが、自己株買いであれば特定の株主からのみでも実施できます。

（3）効果

①　譲受企業

　自己株買いの金額50だけ株式取得代金を圧縮できます。

②　法人株主

ア）受取配当益金不算入

　保有する株式を譲受企業に譲渡すると株式譲渡益が発生しますが、自己株買いに応じることで、受取配当の益金不算入規定を適用させ、課税対象金額を「(50−10)×50%」分圧縮できます。

（会計上の仕訳例）			
現金預金	42	投資有価証券	10
法人税住民税及び事業税	8	投資有価証券売却益	40

（税務上の仕訳例）【5−5】			
現金預金	10	投資有価証券	10
現金預金	32	受取配当金	40
法人税等	8		

イ）源泉徴収税額の税額控除

　源泉徴収税額8は、自己株買い代金受取時には差し引かれますが、法人税額から税額控除できる（控除しきれない金額は還付される）ため、結果として源泉徴収前の50を受け取る形となります。

> 株主に法人がいる場合には、自己株買いを検討してみる。

> みなし配当額×20.42%の源泉徴収を忘れずに行う。

137

5-4 配当も自己株買いも分配可能額がある

ポイント

・分配可能額の範囲内でいつでも何度でも実施可能。

・分配可能額を確認しておく必要がある。

・分配可能額の計算には決算後の配当なども考慮する必要がある。

1. 分配可能額の範囲内でいつでも何度でも実施可能

　配当（金銭による配当のほか、現物による配当を含む）も自己株買いもいつでも何度でも実施できますが、会社法に定める分配可能額の範囲内で実施する必要があり、分配可能額を確認しておく必要があります。

2. 分配可能額の計算方法

　直近の本決算時貸借対照表の剰余金をベースに計算します。

　なお、配当・自己株買いは、実施後の純資産が300万円を下回らないようにする必要があります。

　次の具体例をもとに計算方法を確認します。

（1）計算方法

　直近の本決算時貸借対照表の剰余金（①＋②）から③・④を控除し計算します。

　①　その他資本剰余金　　　700千円

　②　その他利益剰余金　　18,900千円（2,100千円＋16,800千円）

　③　自己株式　　　　　　1,100千円

　④　配当金支払、利益準備金積立　440千円（400千円＋40千円）

　分配可能額は、（700千円＋18,900千円）－（1,100千円＋440千円）＝18,060千円となります。

（注）　上記はこの例での分配可能額となり、計算方法の詳細は会社法446条・461条2項をご参照ください。

貸借対照表

(単位：千円)

(資産の部)		(負債の部)	
		負債合計	20,000
		(純資産の部)	
		Ⅰ　資本金	10,000
		Ⅱ　資本剰余金	
		資本準備金	1,000
		その他資本剰余金	700
		Ⅲ　利益剰余金	
		利益準備金	500
		その他利益剰余金	
		別途積立金	2,100
		繰越利益剰余金	16,800
		Ⅳ　自己株式	△1,100
		純資産合計	30,000
資産合計	50,000	負債純資産合計	50,000

※　本決算後の定時株主総会で、配当金支払400、利益準備金積立40を決議したとします。

（2）主な本決算後の留意点

　本決算後に配当（準備金の積立を含む）・自己株買いを実施していれば、これらの金額を分配可能額の計算上控除することになり、本決算後のこれらの動きにも留意が必要です。

3. 進行期の利益は実務的には考慮しない

　臨時決算を組めば、直近の本決算後の進行期の利益を加算した分配可能額をもとに配当・自己株買いを実施できますが、臨時決算を組むのは事務作業等の負担もあり実務的ではないといえます。

> 配当・自己株買いは分配可能額の範囲内でしかできない。

5-5 自己株買いを行った場合の 譲渡株主、譲渡企業の課税

ポイント

・「株式譲渡」と「みなし配当」の2つの取引が生じる。
・会社清算時の清算配当も同様の課税関係となる。
・自己株買いを行った法人側では課税は生じない。

1.「株式譲渡」と「みなし配当」の2つの取引と考える

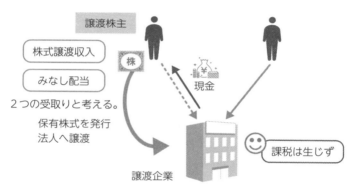

(1) 内容

次の図は非上場会社における、自己株買いに応じた譲渡株主の課税関係
イメージです。

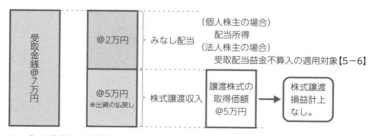

※ @：1株当たりの価格
※ 出資の払戻し ＝ 別表五(一)資本金等 ÷ 発行済株式数(自己株式数除く)

　株主が株式をその発行会社へ譲渡した場合、一見、1株当たり7万円の単なる株式の譲渡が行われたかのように見えますが、税務上は次の2つの取引が生じたと考えます【5-3の2】。

---

① **株式譲渡収入の受取り（単価5万円×譲渡株数）**
　譲渡対価のうち出資の払戻部分と考えられる部分は、株式の譲渡収入と考えます。
② **みなし配当の受取り（単価2万円×譲渡株数）**
　譲渡対価のうち①を超える額は、配当があったと考え、これを「みなし配当」と呼びます（所法25①、所令61②、法法24①、法令23①）。

（2）多くは「みなし配当」のみの課税

　多くの場合、この例のように出資の払戻部分と株主側の株式取得価額が一致するため、株式譲渡による損益は発生せず、みなし配当部分のみ課税が生じる結果となります。

（3）清算配当も同様

　会社清算時に清算配当金が支払われる場合も、この自己株買いと同様の課税となります。

2．課税関係まとめ

　課税関係をまとめると次のとおりです。

（1）譲渡株主

① 個人の場合

　株式譲渡所得課税（分離課税）と配当所得課税（総合課税）。

② 法人の場合

　株式譲渡損益※とみなし配当（受取配当益金不算入の適用対象）。

※　100％グループ内の内国法人間での自己株買いの場合は、グループ法人税制の適用により株式譲渡損益は実現しません（資本金等の増減で処理）。

（2）譲渡企業

　自己株買いは、資本等取引のため課税は生じません。

　なお、源泉徴収の取扱いは【5-2】をご参照ください。

5-6 法人株主が受け取った配当は一定額が非課税

ポイント

・投資株式の保有割合等に応じて非課税割合が異なる。

・配当金だけでなく、みなし配当にも非課税措置が適用。

・3分の1超を6カ月保有後の配当なら、ほぼ全額非課税。

1. 株式の保有割合等に応じ非課税割合が異なる

(1) 内容

法人株主が配当金やみなし配当（【5−5】。自己株買いに応じた際等に発生）を受け取った場合、これらは課税済みの利益から支払われるため、支払法人との二重課税を防止する観点から「受取配当の益金不算入」という非課税措置が定められています（法法23）。

(2) 非課税となる割合

まずは次の点を押さえておきましょう。

---

① 法人株主の保有株式の区分（保有割合等）に応じて非課税割合（益金不算入割合）が異なる（次ページ表）。

② 1年間保有し完全子法人株式等に該当すると、配当金全額が非課税。

③ 6カ月保有し関連法人株式等に該当すると、配当金のほぼ全額が非課税。

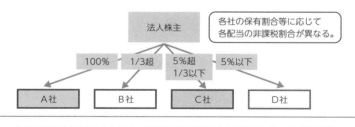

142

No.	区分	保有割合	益金不算入額	内容
①	完全子法人株式等 （法令22の2）	100%	配当金×100%	配当計算期間を通じて（自己株買いの場合には、自己株式の取得日の前日において）完全支配関係のある法人からの配当。
②	関連法人株式等 （法令22の3）	1/3超	（配当金−負債利子） ×100%	発行済株式数（自己株式数除く）の1/3超※を配当計算期間（前回支払われた配当基準日の翌日が今回の配当基準日から6月前の日以前である場合は6カ月間）を通して引き続き保有する法人からの配当。
③	その他の株式等	5%超1/3以下	配当金×50%	①・②・④以外
④	非支配目的株式等	5%以下	配当金×20%	発行済株式数（自己株式数除く）の5%以下※を配当支払基準日（自己株買いの場合には、自己株式取得日の前日）において保有する法人からの配当。

※　令和４年４月１日以後開始事業年度から、完全支配関係のある法人全体の保有割合で判定。
▶負債利子
　株式を保有するために要した借入金の利子、手形売却損など。
『(支払利子＋手形売却損など)×株式等÷総資産』※で算出するため、多額にならないことが多い。
※　令和４年４月１日以後開始事業年度から、『関連法人株式等に係る配当金×４％（負債利子×10％が上限）』
▶配当計算期間
　前回支払われた配当基準日の翌日から今回の配当基準日までの期間（最長12カ月）（所得税額控除：法令140の2②も同様）。なお、会社法では、配当金支給の都度配当基準日ができる。

2.子会社株式を減額する場合がある

　令和２年度税制改正により、法人株主が一定の配当を受け取った場合、法人株主の保有する税務上の子会社株式簿価を受取配当の益金不算入額だけ減額する取扱いが設けられました。ただし、その子会社において、その設立日から法人株主との間で50％超の支配関係が発生した日までの間に、非居住者や外国法人がその発行済株式総数の10％超を保有したことがない場合等はこの取扱いの対象外となるため、実務的にこの取扱いが適用されることは稀であるといえます。

5
配当・自己株買い

5-7 譲受企業による譲渡企業からの資金回収

ポイント

・単純に貸付も考えられる。
・1年後（少なくとも6カ月後）以後の配当が望ましい。
・源泉徴収税額の税額控除の取扱いも考慮する。

1. M&A後、譲渡企業からの資金回収

　譲受企業がM&Aにより100%株式取得後、子会社となった譲渡企業から早く資金を回収したいというケースがあります。

　次のように配当と自己株買いによる方法を検討してみます。

> 　この検討結果を要約すると、100%子会社による自己株買いは合理的な取引との説明がむずかしいため、本来配当すべきなのに自己株買いを選択し租税を回避したと判断され、配当の取扱いに引き直した課税が生じるリスクがあります。よって、単純に貸し付けるか、1年後（少なくとも6カ月後）以後の配当が望ましいといえます。

（1）関連法人株式等に該当させる

① 配当

ア）受取配当益金不算入

　株式取得後6カ月後の配当とすれば、関連法人株式等の要件を満たすため、ほぼ全額が益金不算入となります。

イ）源泉徴収税額の税額控除

　差し引かれた源泉徴収税額について、この株式保有期間に応じた額しか法人税額から税額控除できず、その他の部分は損金（事業税では損金不算入）扱いとなるためご注意ください。なお、全額税額控除とするには、実務的には1年後に配当を行う必要があります【5-2の2】。

②　自己株買い

　株式取得後 6 カ月後の自己株買いとすれば、受取配当益金不算入の取扱いは前記①と同様ですが、源泉徴収税額は全額税額控除できるため、条文上では「配当」よりも有利な取扱いとなります。

（2）完全子法人株式等に該当させる

①　配当

ア）受取配当益金不算入

　前回支払われた配当基準日の翌日から継続保有したうえで配当を受けなければならず、実務的には株式取得後 1 年後の配当でなければ要件を満たすのはむずかしいといえます。要件を満たせば全額益金不算入となります。

イ）源泉徴収税額の税額控除

　1 年後の配当であれば配当計算期間すべての保有となり、全額損金不算入後、全額税額控除できます。

②　自己株買い

　自己株買いの前日に完全支配関係があれば完全子法人株式等に該当するため、条文（法令22の2①）上はM&A直後の実施であっても受け取るみなし配当全額を益金不算入とでき、さらに源泉徴収税額も全額税額控除できます。1 年後にこれらの取扱いができる「配当」に対し、「自己株買い」は条文上では早期にこれらの取扱いが可能です。

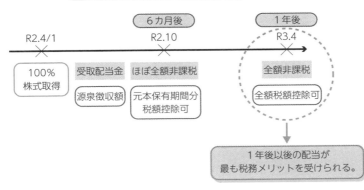

145

2. 短期保有株式への配当は課税される

（1）内容

　配当基準日以前1カ月以内に取得し、かつ、その株式を基準日後2カ月以内に譲渡した場合、その株式に係る受取配当金には受取配当の益金不算入規定は適用されません（法法23②）。

　これは、一時的な保有株式に対する配当には益金不算入規定を適用しないということで、基準日の間際に株式を取得し配当金受領後すぐの売却行為を規制するための制度です。

　なお、自己株買いの際に生じるみなし配当にはこの制限規定が設けられていません。

（2）具体例

　次の図は、①譲受企業が3月に3月末決算である譲渡企業の株式を取得し、②配当を受け、③4月か5月に関連会社へその全株式を譲渡した場合のイメージ図です。譲受企業は3月末時点で株主であるため配当を受けますが、受け取った配当金は全額課税されます。

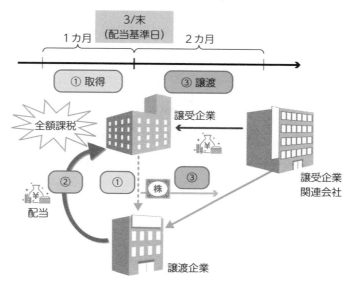

MAcafe

株式取得後配当を受けた場合の会計処理

　株式取得代金の大半の金額を配当として受け取る場合、つまり、配当の原資である留保利益が実態として投資以後のものでない場合には、受領した譲受企業側の会計処理は、「受取配当金」処理ではなく、重要性が乏しい場合を除き「有価証券の帳簿価額を減額」処理することが適当とされています（企業会計基準適用指針第3号13 (1) 17）。

　「関係会社株式」をそのまま多額に計上しておきたくないという譲受企業では検討の余地があります。

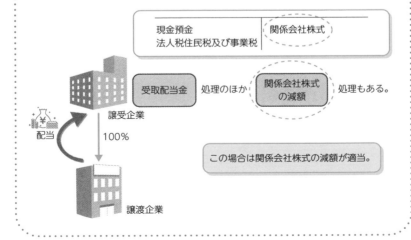

| 現金預金 | 関係会社株式 |
| 法人税住民税及び事業税 | |

受取配当金　処理のほか　関係会社株式の減額　処理もある。

譲受企業

配当　100%

譲渡企業

この場合は関係会社株式の減額が適当。

自己株買いする際の価格と税務リスクの検討

- 少数株主からは配当還元価額以上での買取りを実施する。
- 事前に税務リスクを検討しておく必要がある。
- 自己株買いに応じない株主への課税リスクには特に注意。

1. 実施背景

　中小企業の場合、オーナー一族で50%超の大半の株式を保有し、役員や従業員等の少数株主が残りの株式を保有しているケースが多くあります。

　この少数株主からオーナー個人が株式を取りまとめる場合には、財産評価基本通達による原則的評価額が適正価額とされ【2-9】、譲渡企業株式の株価次第では、買取資金や（旧額面金額程度で買い取る場合における）贈与税の納税資金の準備がむずかしいケースも多くあります。ここでは自己株買いによる取りまとめについて検討します。

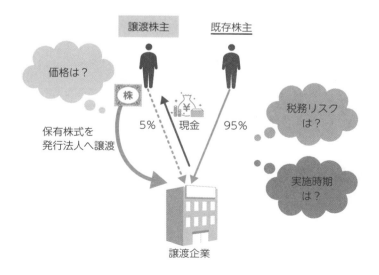

2. 税務リスクの検討

　同族株主【2-9の1（1）】のいる譲渡企業が少数株主から自己株買いにより譲渡企業株式を取得する場合には、同族株主以外からの買取りという位置付けとなり、配当還元価額を下限に、少数株主と譲渡企業との交渉による決定価格で買取りを行います。

　実務的には、少数株主の取得価額が配当還元価額よりも大きい場合には、取得価額を下限に交渉する形になります。

　ただし、このような買取りを行う場合には、次のような税務リスクの検討が必要です。

（1）譲渡企業

　自己株買いは資本等取引とされるため、譲渡企業に課税が生じるという条文根拠は見当たりません。

（2）譲渡株主（少数株主）

　個人から法人へ譲渡するため、みなし譲渡課税（時価の2分の1未満での売買の場合、時価で譲渡したとみなして譲渡所得課税【1-11の2（2）】）リスクの検討が必要です。

　しかし、次の［参考通達等］によれば、配当還元価額を下限に交渉により決まった価格であれば、この価格を時価と説明できるといえます。

　　［参考通達等］

①　租税特別措置法通達37の10・37の11共-22に、法人が自己の株式を個人から取得する場合、「当該自己株式等の時価は、所基通59-6により算定するものとする。」とあります。

②　『十訂版法人税基本通達逐条解説』（髙橋正朗編著、税務研究会刊）の中で、「法人税基本通達9-1-14」の解説にも、「例えば、議決権割合が5％未満の小株主の有する非上場株式については、財産評価基本通達上いわゆる「配当還元方式」による評価が認められることがあるが、法人税においてもむろんこれによってよいことになる。」とあり、配当還元価額を時価として受け入れる考え方が示されています。

（3）既存株主（自己株買いに応じないオーナー一族株主）

オーナー一族の保有する株式価値が自動的に増額される結果となることが多く、「相続税法基本通達9－2（4）」が適用され、譲渡する少数株主からオーナー一族（既存株主）への贈与税課税リスクの検討が必要です。

しかし、過去において、株式を譲渡する少数株主と既存株主との間に親族関係がない事例で、前記［参考通達等］と下記［参考通達等］を根拠に、数件ほどこの方法で取りまとめた事例がありましたが、前記（1）（2）の課税とともに、この課税も生じませんでした。

また、『相続税法基本通達逐条解説（平成27年版）』（野原誠編、大蔵財務協会刊）以降の『相続税法基本通達逐条解説（大蔵財務協会刊）』では、下記［参考通達等］①・②の文言が削除されているものの、この文言削除後においても同じ状況（株式を譲渡する少数株主と既存株主との間に親族関係がない状況）下で自己株買いにより取りまとめを行った場合に、この贈与税課税が適用された事例はないように思います。

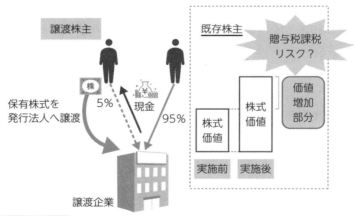

[参考通達等]

『相続税法基本通達逐条解説（平成22年版）』（加藤千博編、大蔵財務協会刊）の「相続税法基本通達9－2」

① 「その利益を受けさせることについての積極的な行為を判定することが必要であることから同族会社の場合に限定しているものであろう。」とあり、適用には、「積極性」を判定する必要があるとの考え方が示されています。

② 「同族会社の場合に限ってこのみなし贈与の取扱いをすることとしているのは、

150

同族会社の行為計算を否認することができるものとする法（筆者注：「相法」）64
条の規定を前提としているものであるということができる。」とあり、適用には、主
に同族間の恣意的な経済的価値の移転を前提としている考え方が示されています。

3. 税務署への個別相談事例

　同族株主以外の少数株主である取締役からその者の取得価額（配当還元
価額以上）で自己株買いにより取りまとめる際に、前記「2.」［参考通達
等］を参考に、税務署に個別相談した事例がありました。

（1）税務署からの回答例

　この事案では、譲渡企業、譲渡株主の課税リスクについては特に論点と
なることもなく当該課税は生じないとの回答であり、また、自己株買いに
より既存株主の株式価値は増加したものの、少数株主と既存株主との間に
親族関係がないことを理由に、既存株主に対する贈与税課税も生じないと
の回答を得ました。

（2）個別相談のすすめ

　特に既存株主への贈与税課税リスクは、個別事案ごとに慎重な検討が必
要であり、案件によっては、税務署に個別相談をするのがよいでしょう。

4. 実施時期の検討

　【2-9の3】で述べたとおり、取りまとめの際には、M&Aとは切り離し
て説明できる段階で実施することが望ましいといえます。

第 6 章

・・

現物分配

本章のねらい

　遊休不動産などの金銭以外の現物の配当はM&A前の株価圧縮手法等として利用できます。この課税関係と留意点等を確認します。ただし、実務的には完全支配関係のある親子会社間（適格）の場合にのみ用いられ、株主が個人の場合は、税負担を考えるとあまり有効な手法ではありません。

1.100％子会社からの現物分配は有効

（1）内容

金銭以外の資産を配当することを「現物分配」と呼んでいます。

100％子会社から親会社への現物分配の場合には、子会社、親会社いずれも無税で実施でき消費税もかかりません。また、会社法に定める分配可能額の範囲内で実施する必要はあるものの【5-4】、原則、株主総会特別決議のみで実施できる手続面の簡便さから、資産の移動手法として有効な手法といえます。

（2）登録免許税等はかかる

不動産を現物分配により受け取った親会社側では、原則どおり登録免許税や不動産取得税がかかります【1-15の2・3】。これらには、現物分配に特段の軽減措置は設けられていません。

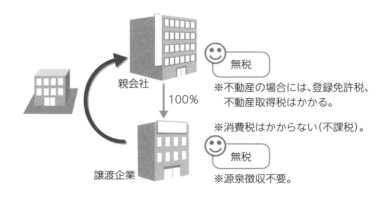

2. 対象となる資産の例と分配の効果

実務的には、100％子会社から親会社への、親会社株式、含み益のある不動産・株式、不良債権、孫会社株式、親会社向け債権の分配などが考えられ、本項では各資産の分配による効果をみていきます。

結論としては、いずれも無税で実施できます。

（1）親会社株式

子会社が親会社株式を保有している状態は会社法135条1項に抵触する状態ですが、親会社株式を配当することで、親会社は自己株式を取得する形となり会社法違反を解消できます。

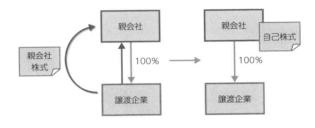

（2）含み益のある不動産・株式、不良債権

子会社株式を譲渡するM&Aの際に、子会社が保有する含み益のある遊休不動産や株式、不良債権などを配当することで、M&Aの対象外とし、M&A価額を引き下げ子会社株式譲渡益を圧縮できます。

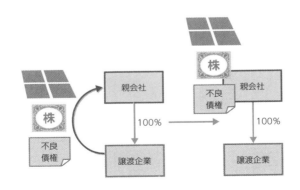

（3）孫会社株式

　子会社が保有する孫会社株式を配当することで、親会社が子会社と配当前の孫会社を兄弟会社の状態で保有する形とし、孫会社をM&Aの対象外とできます。

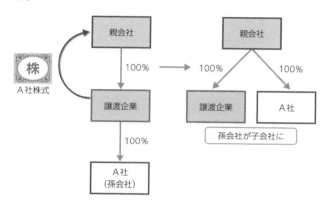

（4）親会社向け債権（貸付金、売掛金など）

　子会社が親会社向けの貸付金などの債権を配当することで、親会社向け債権をM&Aの対象外とし、M&A価額を引き下げ子会社株式譲渡益を圧縮できます。

　なお、親会社では、混同により債務・債権ともに消滅する形となります。

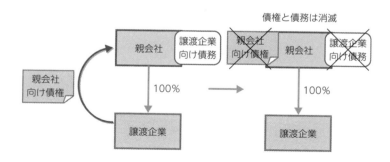

3.税務署への明細書の提出が必要

　現物分配をする法人および分配を受ける法人はいずれも、資産が移転した日の属する事業年度の法人税確定申告書を提出する際に、次の書類を添付する必要があります（法規35五六、法基通17－1－5）。

① 　現物分配に係る株主総会議事録の写し

② 　「組織再編に係る主要な事項の明細書」

事業の配当はできない

　現物分配では、次のように負債等を含めた「事業」を移転できないと考えられています。

（1）会社法上、剰余金の配当の対象は財産とされている（会社法454①一）。

（2）法人税法上、現物分配は事業の移転を前提としていない。

　このため、譲渡企業（100％子会社）の複数事業のうちの1つを譲渡対象外として親会社に残したい場合等では、親会社への会社分割の手法が考えられます【7－10】。

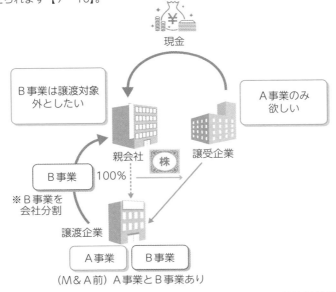

157

6-2 「適格」と「非適格」の判定と課税関係

ポイント

- ・分配直前に完全支配関係があれば「適格」とされる。
- ・適格の場合、課税は生じず源泉徴収も不要。
- ・適格の場合、分配を受ける法人の繰越欠損金の消滅可能性あり。

1. 直前に完全支配関係があれば「適格」

現物分配には「適格現物分配」と「非適格現物分配」があります。

（1）適格現物分配

適格現物分配は、分配直前に分配する内国法人※と分配を受ける内国法人が完全支配関係にあることのみを要件としています。

分配前は100％支配関係【9-1の3】があり、分配後100％支配関係が崩れたとしても適格現物分配となります（法法2十二の十五）。

※　日本に本店や主たる事務所がある法人。

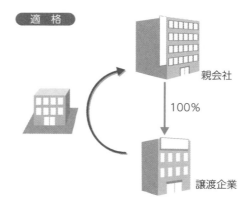

適　格

親会社

100％

譲渡企業

（2）非適格現物分配

非適格現物分配は、適格現物分配に該当しない分配をいい、完全支配関係がない場合の分配や個人への分配が該当します。

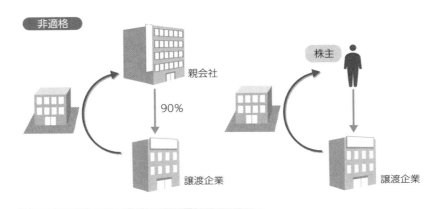

非適格

親会社

90%

譲渡企業

株主

譲渡企業

6

現物分配

2. 課税関係まとめ

それぞれの課税関係を整理すると次のとおりです。

	分配側譲渡損益	分配側源泉徴収	受取側 取得簿価	受取側の収益への税務上の取扱い
適格	計上不要	不要	配当側の簿価	全額が非課税
非適格	計上	必要	時価	① 法人株主 　受取配当益金不算入適用部分を除き、課税対象 ② 個人株主 　配当所得課税

（1）適格現物分配

分配側、受取側ともに無税となり（法法62の5③④）、所得税法上の配当所得から除かれているため源泉徴収も不要です（所法24①、181①）。

（2）非適格現物分配

分配側で譲渡損益が実現し、受取側が法人の場合には、受取配当益金不算入【5－6】の適用を受ける金額を除き課税が生じます。受取側が個人の場合には、配当所得として総合課税の対象となるため、税負担を考えるとあまり有効な手法といえません。また、非適格の場合には源泉徴収も必要です。

なお、（1）（2）いずれの場合も消費税は不課税となり、不動産が対象となる場合には、受取側では原則どおり登録免許税、不動産取得税がかかります。

3. 適格の場合の注意点

適格現物分配を行う際、受取側と分配側の50％超の支配関係が「受取側の分配日が属する期の開始日から5年前の日」※以後継続していない場合には、受取側において、適格合併の合併法人と同様に、一定の場合を除き、次の（1）（2）（3）の制限（特に（1））があり注意が必要です。法人税および法人事業税いずれも同様です。

※　この日以後に受取側、分配側いずれかの設立日があればその設立日。

（1）受取側の繰越欠損金の使用制限

次の繰越欠損金は切り捨てられます（法法57④）。

---

①　50％超の支配関係が生じた期の前期以前の欠損金。
②　50％超の支配関係が生じた期以後の欠損金のうち不動産等の特定資産の譲渡損等。

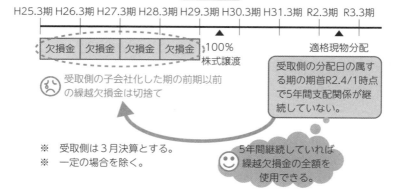

（2）受取側の損金算入制限（受取側が保有していた資産）

受取側が50％超の支配関係発生事業年度前から保有していた不動産等の特定資産の譲渡損等は、一定期間※損金算入できません（法法62の7①②二）。

（3）受取側の損金算入制限（分配により受け入れた資産）

　分配側が50％超の支配関係発生日前から保有していた不動産等の特定資産で、受取側が分配により受け入れたものの譲渡損等は、一定期間※損金算入できません（法法62の7①②一）。

※　受取側の分配日の属する事業年度開始日から次の①②のいずれか早い日までの期間。
　①　その開始日から3年
　②　50％超支配関係発生日から5年

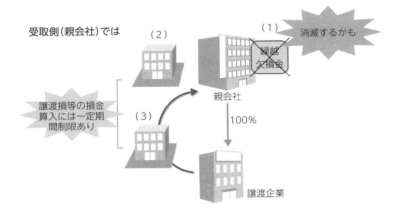

受取側（親会社）では　　（2）　　　　　　　　（1）　　消滅するかも

繰越
欠損金

譲渡損等の損金
算入には一定期
間制限あり

（3）

親会社

100％

譲渡企業

実務的には

> 50％超の支配関係5年経過後に実施すればこれらの制限なし。

> 譲受企業が100％株式取得後5年経過せずに実施する際は注意！

適格組織再編時には資産等が簿価で移転するため、租税回避行為が考えられる。

　（例）
　・含み益のある資産を移転し、その譲渡益と受取側の繰越欠損金を相殺。
　・含み損のある資産を移転し、その譲渡損と受取側の益金を相殺。

> 適格合併や適格会社分割等における承継法人側にも同様の制限がある。

※　単なる資産の移転行為である適格現物分配にはみなし共同事業要件の判定なし。

6

現物分配

第 7 章

非事業用資産の切離し

本章のねらい

　譲渡企業が事業用必要でない資産を保有している場合、M&A時に
オーナー等へ売買や役員退職金の現物による支給などで切り離すケー
スが多くあります。この場合の課税関係と留意点等を確認します。

7-1 切離し方法

ポイント

・非事業用資産はM&A実施時にオーナー等へ売却等する。
・売買、役員退職金の現物支給、分割型分割が考えられる。
・法人株主の場合は現物分配も考えられる。

1. 売買や役員退職金の現物支給等がある

　M&Aを行うにあたり、事業上必要でない資産（たとえば、オーナーの私用車や遊休不動産、会社契約の生命保険契約、不良債権など）を譲渡企業からオーナー等へ切り離すケースが多くあります。

　切り離す方法は主に次の4つが挙げられます。

> ① 売買（貸付金の債権譲渡を含む）
> ② 役員退職金の現物支給
> ③ 法人株主の場合は、現物分配【6-1、6-2】
> ④ 分割型分割【7-7～7-11】

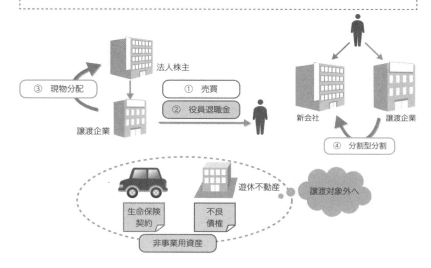

164

2. オーナーにとって売買と退職金現物支給では どちらが有利？

　次の表は、土地等を受け取るオーナー個人にとって、売買と役員退職金の現物支給のどちらが有利かをまとめたものです【1-15の2・3、7-2】。

　なお、単純化のため、それぞれによった場合のM&A時の所得税（復興税込み）・住民税負担を考慮していません。

（1）売買

	土地 （宅地評価）	土地 （宅地評価以外）	建物	車両	ゴルフ会員権
消費税（※①）	×	×	○	○	○
登録免許税	固定資産税評価額×1.5%(※②)	固定資産税評価額×1.5%(※②)	固定資産税評価額×2%	×	×
不動産取得税	固定資産税評価額×1/2(※③)×3%(※④)	固定資産税評価額×3%(※④)	固定資産税評価額×4%	×	×
売買契約書印紙（※⑤）	○ （1号文書）	○ （1号文書）	○ （1号文書）	× （ただし、1万円以上のリサイクル預託金の記載あれば200円必要）	預託金形式：○ （15号文書） 株式形式：×
代金受領書印紙（※⑤）	○ （17号文書(1)）	○ （17号文書(1)）	○ （17号文書(1)）	○ （17号文書(1)）	（預託金形式：17号文書(1)、株式形式：17号文書(2)）

（2）役員退職金の現物支給

	土地 （宅地評価）	土地 （宅地評価以外）	建物	車両	ゴルフ会員権
消費税（※①）	×	×	×	×	×
登録免許税	固定資産税評価額×2%	固定資産税評価額×2%	固定資産税評価額×2%	×	×
不動産取得税	固定資産税評価額×1/2(※③)×3%(※④)	固定資産税評価額×3%(※④)	固定資産税評価額×4%	×	×
印紙（※⑤）	×	×	×	×	×

（3）有利な方法

土地の場合、令和5年3月までは登録免許税の税負担軽減効果が印紙税の負担を上回り、売買が有利となる可能性が高いといえます。	消費税課税対象資産の場合、消費税がかからず、印紙税の負担もない現物支給が有利といえます。

（※）　① 消費税　　：「○」は消費税がかかる、「×」は消費税がかからない、という意味です。
　　　　② 登録免許税：土地の売買の1.5%適用は令和5年3月まで。その後は2%適用。
　　　　③ 不動産取得税：土地（宅地評価）の「×1/2」適用は令和6年3月まで。その後は「×1/2」適用は不可。
　　　　④ 不動産取得税：土地の3%適用は令和6年3月まで。その後は4%適用。
　　　　⑤ 印紙　　　：「○」は印紙税がかかる、「×」は印紙税がかからない、という意味です【1-14】。

7-2 各切離し方法の比較と留意点

ポイント

・売買の場合は消費税がかかるか否かの検討必要。

・役員退職金の現物支給は消費税不課税。

・建物等の現物支給は消費税がかからないため、オーナーは有利。

1. 切離し方法の比較

各方法により消費税の有無や手続の違い（次の一覧）があるため、これらの違いを確認したうえで実施することが必要です。

手法	有効な利用場面	消費税	手続
売買	土地の売買の場合、令和5年3月までは登録免許税が軽減されるため、印紙税負担はあるものの、受け取る個人では現物支給よりも有利となる可能性が高い【7-1】。	譲渡する資産に応じてかかる	・売買契約書の作成、取締役会決議等必要。 ・利益相反取引に該当しないかにも留意。 ・不動産等の売買契約書・代金受領書には印紙必要【1-14】。
役員退職金の現物支給	建物や車両の現物支給の場合、消費税がかからず、また、印紙税負担もないため、受け取る個人では売買よりも有利【7-1】。	不課税	・株主総会決議必要。 ・印紙不要。
法人株主の場合の現物分配	適格現物分配（例：100％子会社から親会社への分配）の場合に有効。	不課税	・株主総会決議必要。 ・印紙不要。
分割型分割	株主がオーナー一族のみで非事業用資産の金額が大きい場合	不課税	・会社法等の多くの手続必要 ・約2カ月の期間必要 ・会社分割の諸費用必要

なお、現物分配の詳細は【6-1、6-2】、分割型分割の詳細は【7-7〜7-11】をご参照ください。

2. 売買

（1）時価と異なる価格での売買

【7-5】をご参照ください。

（2）消費税等の取扱い

売買の場合は、譲渡する資産により消費税がかかるもの、かからないものに分けられます【1-9の2】。

---

① **消費税がかかるもの（課税取引）**

　車両、建物、建物附属設備、ゴルフ会員権　など

② **消費税がかからないもの（非課税取引）**

　土地、貸付金、リサイクル預託金、株式（子会社株式等）　など

（3）消費税の課税売上割合【1-9の3・4】への影響

① 納付額への影響もありうる

　上記（2）②の資産が譲渡された場合、課税売上割合の分母の非課税売上高には、土地は譲渡対価全額、貸付金・リサイクル預託金・株式は譲渡対価の5％を算入します。

　M&Aに伴いこの非課税売上高が多くなると、課税売上割合が95％以上から95％未満となり仮払消費税の全額を仮受消費税から控除できなくなる等、消費税の税額計算に影響が出る場合があるためご注意ください。

② 土地の譲渡には配慮あり

　土地の譲渡は金額的に影響が大きいため、課税売上割合が95％未満になった場合は、仮受消費税から控除する消費税の計算上[※]、一定の場合に限り、「課税売上割合に準ずる割合」を使用することが認められています。

※　個別対応方式による計算に限る。

（4）低額譲渡の場合の消費税の留意点

　譲渡企業が資産を役員へ贈与した場合や時価のおおむね50％未満で譲渡した場合には、消費税法上も時価で譲渡したとみなす（消法4⑤二、28①③二、消基通10-1-2）ため、譲渡企業では、譲渡資産が消費税の課税資産で時価に対する消費税を受け取っていなければ消費税の課税漏れが生じ、消費税の非課税資産でも上記（3）のように納付額への影響が生じる場合があります【1-13のMAcafe】。

（5）登録免許税

　土地の売買の登録免許税は1.5％となり令和5年3月まで軽減されている（措法72①一）ため、ほかの手法で適用される2％と比べ有利に取得できます【7-1】。

3. 役員退職金の現物支給

（1）消費税等の取扱い

① 内容

役員退職金として建物や車両の現物で支給する場合、「消費税がかからないのか？」という疑問が生じますが、結論としてはかかりません。

受け取る個人は、消費税がかかる売買より有利に取得できます【7－1】。

② 根拠

役員退職金とされる建物等の譲渡は、消費税の課税対象となる「代物弁済による資産の譲渡（消法2①八）」「役員に対する贈与（消法4⑤二）」にも該当しないため、消費税は不課税となります。

③ 上記②根拠の検証

ア）代物弁済

当初から株主総会で現物支給によることを決議していれば、代物弁済に当たりません（消基通5－1－4）。現金で支給する旨を決議した後に、資金繰り等の都合により現物支給に変更する場合は代物弁済となり、建物等の支給であれば消費税がかかります。

イ）役員に対する贈与

この規定は、法人税法上過大役員報酬または認定賞与とされる場合には適用されますが、退職給与には適用されません。

（2）固定資産売却損

現物支給により生じた固定資産売却損は損金算入できます。

（例）簿価2.0億円、時価1.5億円の土地を役員退職金として現物支給した場合には、土地売却損0.5億円は損金算入できます。

※ この例では源泉徴収を考慮していません

役員退職金　1.5億円	土地　　　2.0億円
土地売却損　0.5億円	

（3）生命保険契約

役員退職金として現物支給された一定の生命保険契約※を、その後オーナーが解約した（または満期保険金を受け取った）場合、その解約返戻金（または満期保険金）は一時所得扱いとされ、総合課税の対象となります。

※ 支給前の契約内容…被保険者：オーナー、契約者・保険料負担者・死亡保険金受取

人（満期保険金がある場合は満期保険金受取人）：譲渡企業

この場合、一時所得金額の算式「収入金額－支出費－50万円」中の支出費（払込保険料）は次の①・②の合計額となります。

①　法人名義の期間

現物支給により退職所得課税された退職金（原則として、支給時点の解約返戻金相当額（詳細：所基通36－37））が払込保険料となります。

法人が負担した保険料のうち給与所得課税がなされなかったものは、支出費に含めない取扱いとなっています（所令183④三）が、退職所得課税された退職金相当額は自らが負担した保険料と考え支出費とできると解されています。

②　オーナー名義へ変更後の期間

名義変更後自らが負担した保険料が払込保険料となります。

（4）源泉徴収（特別徴収）

現物支給の場合でも源泉徴収（特別徴収）は必要です【3－3の2】。

4. 諸費用がかかる

いずれの方法でも、受取側では次のような諸費用がかかります。なお、その他の留意点は【7－3】をご参照ください。

（1）不動産の取得

所有権移転に係る登録免許税と不動産取得税【1－15の2・3】のほか、司法書士報酬、（売買の場合は）売買契約書に貼る印紙代がかかります。

（2）車両の取得

自動車税環境性能割【1－5の1】や名義変更申請に関する諸費用がかかります。

土地重課制度

法人が土地を譲渡等した場合、通常の法人税のほか、別途、その譲渡利益×5％（譲渡年の1月1日で所有期間5年超の場合。5年以下の場合は10％）の法人税を課す「土地重課制度」があります（措法62の3、63）が、令和5年3月末まで適用停止とされています。以降も適用停止が継続されるか否か等、今後の改正の動向に留意しましょう。

7-3 未経過固定資産税、未経過自動車税等を考慮する

ポイント

・固定資産税、自動車税種別割の納税義務は一時点で確定。
・未経過固定資産税は地域により起算日の考え方が異なる。
・未経過固定資産税、未経過自動車税は税金ではなく、売買金額。

1. 売買等の際に考慮する

　固定資産税や自動車税種別割は一時点の所有者に納税義務が発生するため、その後売却等しても納税義務者に変更はありません。

　売却等した場合には、この譲渡側の納税負担につき、実務上、譲受側が譲渡側へ一定額の支払を行うことが多いですが、必ずしも行う必要はありません。

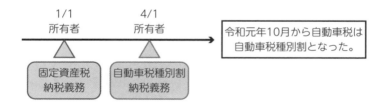

2. 未経過固定資産税

(1) 未経過固定資産税とは

　固定資産税（都市計画税含む）は、1月1日時点の土地や建物の所有者に対して課税されます。

　毎年4月〜5月に固定資産税課税明細書が市町村から届き、それに基づき納付します【1-16の1】。あくまで1月1日時点の所有者（ここでは譲渡企業を所有者とします。）に納税義務があります。

　このため、年の途中において、譲渡企業が土地や建物をオーナー等へ売

却等した場合、譲り受けるオーナー等が固定資産税のうち一定額を譲渡企業へ支払うことが実務上多くみられます。この負担額を「未経過固定資産税」と呼んでいます。

（2）起算日

　固定資産税は、商習慣として1月1日を起算日とする方式と4月1日を起算日とする方式に分かれ、関東では1月1日起算、関西では4月1日起算を採用することが多い傾向にあり、地域ごとに起算日の考え方が異なります。都度その地域の不動産業者や司法書士に尋ねてみるとよいでしょう。

（3）具体例

　7月1日を売買日とすると、1月1日を起算日とした場合には固定資産税（年額）のうち6カ月分、4月1日を起算日とした場合には9カ月分を未経過固定資産税として、譲り受けるオーナーが譲渡企業へ支払います。

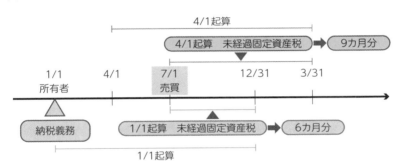

（例）固定資産税12万円、土地建物譲渡日：7/1、譲渡企業からオーナーへ譲渡。
　　　オーナー負担の未経過固定資産税はそれぞれ次のとおり。

1/1起算　　12万円×6カ月÷12カ月＝6万円
4/1起算　　12万円×9カ月÷12カ月＝9万円

（4）売買金額の一部

　未経過固定資産税は、税務上税金として扱うのではなく資産の売買金額の一部と考えるため、売買であれば建物に係る未経過固定資産税は消費税の課税対象となります（消基通10－1－6）。

3. 未経過自動車税

（1）未経過自動車税とは

　自動車税種別割についても同じような留意点が出てきます。自動車税種別割は4月1日時点の自動車所有者に課税され5月末までに納付します。

　自動車税種別割は4月1日から翌年3月末までの1年分の税となるため、7月1日に譲渡企業が車両をオーナーへ売却等した場合、オーナーが自動車税（年額）のうち9カ月分の未経過自動車税を譲渡企業へ支払うことが実務上多くみられます。

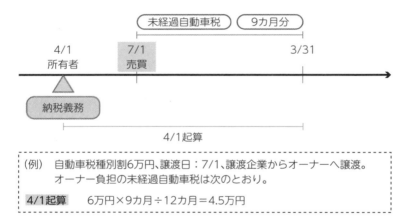

```
（例）　自動車税種別割6万円、譲渡日：7/1、譲渡企業からオーナーへ譲渡。
　　　 オーナー負担の未経過自動車税は次のとおり。
4/1起算　　6万円×9カ月÷12カ月＝4.5万円
```

（2）売買金額の一部

　未経過自動車税は、前記「2.」と同様、税務上税金として扱うのではなく資産の売買金額の一部と考えるため、売買であれば消費税の課税対象となります（消基通10−1−6）。

4. 自賠責保険・リサイクル預託金

　車両を売却等する場合には、自賠責保険（正式には自動車損害賠償責任保険）やリサイクル預託金も併せて譲渡します。

　それぞれ売買の場合の消費税の取扱いは次のとおりです。

（1）未経過自賠責保険料

　売買金額の一部と考え、消費税の課税対象となります。未経過自動車重量税も同様です。

（2）リサイクル預託金

　金銭債権の譲渡（消費税非課税取引）となり消費税はかかりません。

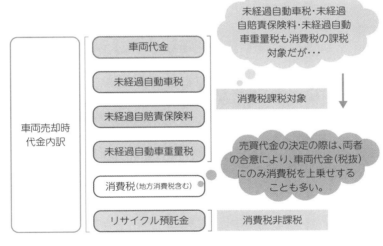

※　取得者側には、自動車税環境性能割、名義変更申請時の諸費用もかかる。

173

7-4 各資産の時価をどのように決めるのか

ポイント

- ・土地の時価には「路線価評価÷0.8」等の方法が使用されている。
- ・建物の時価には適正償却後簿価が多く使用されている。
- ・生命保険契約の時価は原則として、解約返戻金相当額。

実務上参考とする時価の目安

売買であれ役員退職金の現物支給であれ、どのように適正金額（いわゆる「時価」）を決定するのかが一つの論点となります。

一概にはいえないものもありますが、ここでは実務上参考とする時価の目安として多く使用されているものについてみていきます。

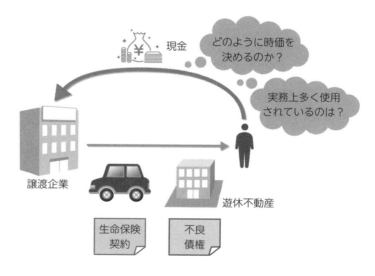

科目	時価の例
車両	・中古車業者の見積り（原則） ・適正に減価償却をした後の簿価
土地	・不動産鑑定評価 ・路線価評価÷0.8または固定資産税評価額÷0.7
建物	・不動産鑑定評価 ・適正に減価償却をした後の簿価
保険積立金	・名義変更時の解約返戻金（原則。詳細：所基通36-37）
貸付金	精緻な金額を算定するのは非常に困難 ※　簿価で取引を行い、譲渡損を生じさせないようにすれば、税務リスクは低い。

　土地の時価には「路線価評価÷0.8」（路線価がないものは「固定資産税評価額÷0.7」。「固定資産税評価額×倍率÷0.7」ではありません）が、建物の時価には「適正償却後簿価」が実務上多く使用されているといわれていますが、金額が1億円を超えるような高額となる場合や収益物件（投資不動産）の場合は、不動産鑑定評価での時価算定が望ましいといえます。

土地の時価の目安として使用（÷0.7）するとしたら、「固定資産税評価額」のほうです。

固定資産税課税明細書上の「固定資産税評価額」と「固定資産税課税標準額（固定資産税を算出するための税率を乗じるもとの金額）」とを見間違えないようにご注意ください。

7-5 時価とは異なる価格で売買した場合の取扱い

1. 概要

　譲渡企業がM&Aに伴い資産をオーナー社長へ適正金額（いわゆる時価）よりも低い金額で譲渡した場合と高い金額で譲渡した場合の税務上の取扱いは次のようになり、課税関係に留意が必要です。

2. 低額譲渡では役員賞与扱い

（例）簿価120、時価100の資産を90で売買した場合【1−13のMAcafe】

（1）譲渡企業　税務仕訳イメージ

現金預金	90	資産	120
役員賞与	10		
譲渡損	20		

　時価と対価との差額10は役員賞与として損金不算入・源泉徴収の対象となり、簿価と時価との差額20は譲渡損として損金扱いします。

　なお、消費税の留意点については【7-2の2(4)】をご参照ください。

(2) オーナー個人　税務仕訳イメージ

資産　100	現金預金　90
	収益　　　10

　収益10は給与所得とされ総合課税の対象となります。

3. 高額譲渡ではオーナーは単純に損をする

（例）簿価90、時価100の資産を120で売買した場合

(1) 譲渡企業　税務仕訳イメージ

現金預金120	資産　　90
	譲渡益　10
	受贈益　20

　時価と簿価との差額10は譲渡益、対価と時価との差額20は受贈益20となり、いずれも益金として課税対象となります。

(2) オーナー個人　税務仕訳イメージ

資産　100	現金預金　120
費用　20	

　費用20は譲渡企業への寄附となりますが、所得税法上、所得控除等とすることもできないため、この20について単純に損をしたことになります。

(3) 個人株主

　同族会社である譲渡企業が個人へ高額譲渡をしたことにより、株主の株式価値が増加する場合において、個人と株主が同一人でなければ、個人から株主への贈与税課税リスクがあるため留意が必要です（相基通9-2）。

　なお、高額譲渡した後でも株価がゼロの場合には、価値の増加がないとされこの贈与税課税は生じません。

7

非事業用資産の切離し

7-6 役員貸付金の放棄と第三者への不良債権の処理

ポイント

・役員貸付金を放棄した際には損金不算入、給与所得課税。

・役員貸付金は返済してもらうケースが多い。

・不良債権はゼロ評価か役員退職金の現物支給等で切り離す。

1.放棄をすると役員賞与扱いとなる

（1）内容

　譲渡企業がオーナー社長への貸付金や未収利息※を放棄すると、譲渡企業側では役員賞与として損金不算入・源泉徴収の対象となり、個人側では総合課税となり累進税率が適用される給与所得とされるため、あまり有効な手法といえません。

※　役員貸付金には、税務上、利息を受け取る必要があります。

（2）実務上の対応

　実務上は、このオーナーの税負担を考慮して、役員貸付金を簿価のまま株価評価し受け取った株式譲渡代金の一部をもって譲渡企業へ返済するケースが多いです。ほかには、役員退職金の支給と相殺することも行われています。

　なお、この項とは逆に、譲渡企業が役員から借入れを受けている場合の取扱いは【10-1】をご参照ください。

2. 第三者への不良債権の処理

特定の個人や法人への貸付金が不良債権として残り貸倒処理もできない場合、実務的には次の対応が考えられます。

① 株価から減額したうえでそのまま（もしくは債権放棄）。
② オーナー個人等へ簿価で債権譲渡。
③ 役員退職金の現物支給で切離し。
④ 100％法人株主の場合は適格現物分配で切離し。
⑤ 分割型分割で切離し【7－7～7－11】

3. 課税関係まとめ一覧

貸付金を有する譲渡企業とその債務者について、その貸付金を放棄した場合の主な課税関係は次のとおりです。

債務者の属性	譲渡企業の課税	債務者の課税
① 役員	役員賞与損金不算入（法基通9-2-9）	給与所得課税 （所基通36-15）
② 元役員	実態判断により①または④	実態判断により①または④
③ 従業員	給与または賞与として損金算入	給与所得課税
④ 第三者（個人）	寄附金または交際費として損金不算入（一定金額のみ損金算入可）	一時所得課税　など
⑤ 第三者（法人）	寄附金または交際費として損金不算入（一定金額のみ損金算入可）	益金課税
⑥ 備考	貸倒要件を満たした場合には損金算入可。基本的には、債務者が破産等していないような状況では損金算入不可。	債務者が資力を喪失して債務を弁済することが著しく困難であると認められる場合に債務免除を受けたときには、債務免除益を所得の金額の計算上収入金額に算入しないとする取扱いあり（所法44の2①）。これを適用するには、債務者である社長等がこのような状態であるとの判断を行う必要があり、実務上適用はむずかしい。

なお、100％グループ内の法人等に債権放棄した場合の課税関係は、【9-3、10-2】をご参照ください。

7-7 分割型分割による切離し（概要）

ポイント

- ・許認可等を譲渡企業に残したまま株式譲渡できる。
- ・株価圧縮の手法としても有効。
- ・非事業用資産の買取資金が不要。

1. 分割型分割とは

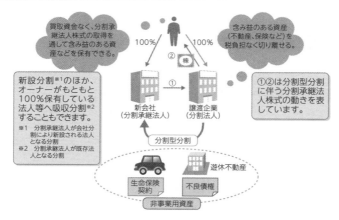

買取資金なく、分割承継法人株式の取得を通して含み益のある資産などを保有できる。

含み益のある資産（不動産、保険など）を税負担なく切り離せる。

100%　　100%

②　株

①

新会社（分割承継法人）　　譲渡企業（分割法人）

①②は分割型分割に伴う分割承継法人株式の動きを表しています。

新設分割※1のほか、オーナーがもともと100%保有している法人等へ吸収分割※2することもできます。
※1　分割承継法人が会社分割により新設される法人となる分割
※2　分割承継法人が既存法人となる分割

分割型分割

生命保険契約　　不良債権　　遊休不動産

非事業用資産

　分割法人が資産等を会社分割の制度により分割承継法人に承継させ、①分割承継法人がその対価として分割承継法人株式を分割法人に交付し、②分割法人がすぐにその株式を分割法人株主に配当する会社分割を「分割型分割」といいます。

　分割型分割後、分割法人と分割承継法人は分割法人株主の兄弟会社の状態となります。

2. スキーム概要

　譲渡企業の非事業用資産や譲渡対象外としたい事業を分割型分割により新会社やオーナー保有の別会社へ税負担なく切り離した後、譲渡企業株式を譲渡することで、次のような効果が考えられます。

180

（1）許認可等がそのまま

　許認可、契約書、従業員などを譲渡企業に残したまま譲受企業に譲渡できます。特に、会社分割でも許認可を承継できない業種（建設業など）や許認可の承継に手間がかかる業種では有効です。

（2）株式譲渡の税負担で済む

　通常、20.315％の低い税負担で済みます。

（3）株価圧縮

　切り離す資産等（車、生命保険、不動産、負債など）を柔軟に決められるため、分割法人株式の株価（M&A株価）を調整できます。なお、担保に供する不動産や金融機関借入金を切り離す場合は金融機関との調整が必要です。

（4）買取資金等不要

　オーナーは売買の場合と異なり、買取資金なく、分割承継法人株式の取得を通して非事業用資産を保有できます。また、不動産を承継する場合、一定の要件を満たせば不動産取得税がかかりません【7-11】。

（5）相続税対策

　本業とは関係のない不動産賃貸業などを分割型分割で切り離し、オーナーの親族に分割承継法人株式を贈与または相続することで、相続税対策として有効な場合もあります。

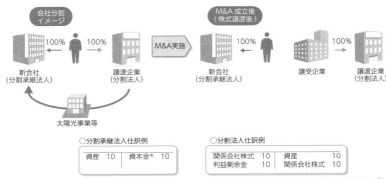

○分割承継法人仕訳例

資産	10	資本金※	10

○分割法人仕訳例

関係会社株式	10	資産	10
利益剰余金	10	関係会社株式	10

※　新設分割計画書の定めにより、資本金、資本準備金、その他資本剰余金に任意に振分け可能（会社計算規則49②）

7

非事業用資産の切離し

181

7-8 分割型分割による切離し（契約書・手続）

- 承継する資産等をできるだけ具体的に記載する。
- 会社法等の多くの手続、約2カ月の期間、諸費用が必要。
- 債権者保護手続を省略できない。

1. 承継するものを具体的に記載

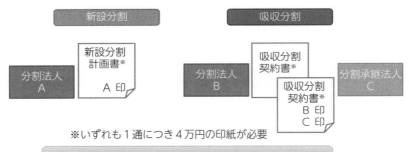

新設分割

新設分割
計画書※

分割法人
A

A 印

吸収分割

吸収分割
契約書※

分割法人
B

吸収分割
契約書※
B 印
C 印

分割承継法人
C

※いずれも1通につき4万円の印紙が必要

承継する資産等をできるだけ具体的に記載するようにする

（1）契約書

　新設分割では分割法人が新設分割計画書を、吸収分割では分割法人と分割承継法人が吸収分割契約書を作成し、会社分割の手続を行います。

（2）承継する資産等を明確にする

　上記（1）には、承継する資産、負債、契約書、従業員などの内容も記載しますが、会社分割後に、承継対象としたか否かで揉めないようにするため、できるだけ具体的に記載することが望ましいと思われます。

2. 手続等

　会社法等の手続が必要なので、約2カ月の手続期間と諸費用が必要です。分割型分割における主な留意点は次のとおりです。

（1）債権者保護手続

　分割型分割により分割法人の財産が流出する形となるため、債権者保護手続を省略できません（会社法810①二、789①二）。実務的には、借入金のある金融機関には事前相談すべきです。

（2）会社法792二、812二

① 剰余金の分配可能額の制限【5−4】を受けないため、会社分割後、利益剰余金がマイナスとなっても問題ありません。

② 剰余金の配当のように利益準備金等の積み立ては不要です。

（3）契約締結後引渡日までに行う

　譲渡企業の株主と譲受企業との間で株式譲渡契約書を締結し、その締結直後から会社分割の手続を進め、株式の引渡日までの売主の義務として会社分割を終了させるケースがほとんどです。

　なお、会社分割の効力発生日と株式譲渡の引渡日を同日とすることも可能です。

（例）

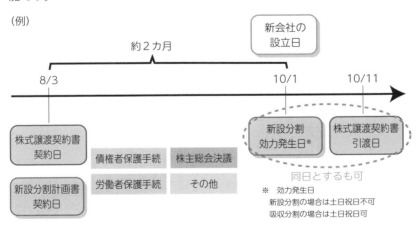

7-9 分割型分割による切離し（税務）

・適格となれば無税で会社分割を行える。

・分割法人株式を譲渡しても適格判定には影響しない。

・株式譲渡所得の計算では付替計算を忘れずに行う。

1. 会社分割

（1）100％グループ内の場合

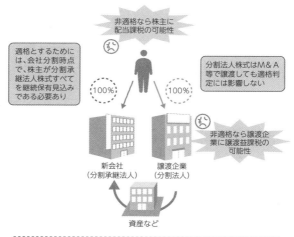

非適格なら株主に配当課税の可能性

適格とするためには、会社分割時点で、株主が分割承継法人株式すべてを継続保有見込みである必要あり

分割法人株式はM＆A等で譲渡しても適格判定には影響しない

新会社（分割承継法人）　譲渡企業（分割法人）

非適格なら譲渡企業に譲渡益課税の可能性

資産など

適格となる基本的な考え方は、会社分割の前後で分割による移転資産等に対する支配が継続すること。
→　移転資産等を承継した側の分割承継法人の株式のみ継続保有見込みであれば、適格となる

　組織再編税制により適格判定を行う必要があります。オーナーが100％保有している譲渡企業では、分割型分割後、オーナーが分割承継法人株式すべてを継続保有見込みであれば、分割法人株式をM&Aにより譲渡しても適格となり、無税で会社分割を行えます（法法２十二の十一イ、法令４の３⑥二ハ（1））。

184

（2）親族含めての保有でも100％グループ内

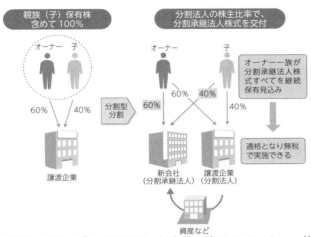

　親族（詳細：法令4①、民法725）保有株を含めてオーナー一族で100％
保有している場合でも、前記（1）と同様に、分割型分割後、オーナー一族
が分割承継法人株式すべてを継続保有見込みであれば適格となります。た
だし、この場合には、分割法人の持ち株割合に応じて、分割承継法人株式
を交付する必要があります。

（3）50％超グループの場合

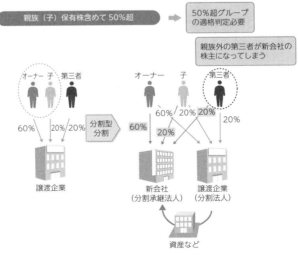

① 適格判定

　50％超グループの適格要件では、分割型分割後、オーナー一族が分割法人の持ち株割合に応じて交付された分割承継法人株式50％超を継続保有見込みであることに加え、他の要件（分割事業の主要資産等引継ぎ要件、分割事業の従業者引継ぎ要件、分割事業継続要件）も併せて満たせば適格となり無税で会社分割を行えます（法法２十二の十一ロ、法令４の３⑦二）。

② 取りまとめの検討

　この場合、そもそも第三者株主が分割承継法人の株主になってしまう問題があり、また、上記①「他の要件」を満たすことが明確でない場合には非適格となるリスクがあります。よって、実務的には、会社分割前に第三者株主からオーナー一族または分割法人が分割法人株式を取りまとめることで、前記（1）または（2）の100％グループ内の適格分割とすることも検討余地があります。

（4）吸収分割の場合も適用可能

　新設分割だけでなく、オーナー一族がもともと100％保有している法人等に吸収分割する場合でも前記（1）（2）（3）と同様の取扱いとなります（法令４の３⑥二イ、４の３⑦二）。

2. 株式譲渡

（1）付替計算

　適格分割型分割を行った場合には、分割法人株式の取得費の一部または全部について、次のように分割承継法人株式の取得費へ付替計算を行う必要があります。

① 分割承継法人株式取得費

　（分割前）分割法人株式取得費×（承継資産等の純資産（分母を上限）／前期末分割法人純資産）

※　詳細：法令119①六、119の８、23①二、所令113①、61②二

② （分割後）分割法人株式株式取得費

　（分割前）分割法人株式取得費－①の金額

※　詳細：法法61の２④、法令119の３⑱、所令113③

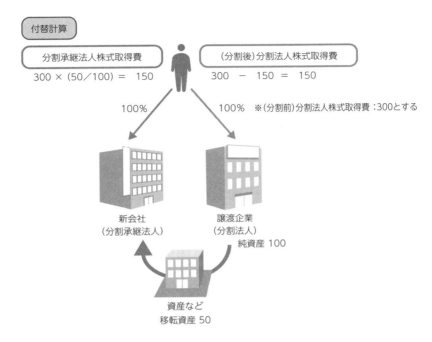

付替計算

分割承継法人株式取得費

$300 \times (50/100) = 150$

（分割後）分割法人株式取得費

$300 - 150 = 150$

100%　　　　　100%　　※（分割前）分割法人株式取得費：300とする

新会社
（分割承継法人）

譲渡企業
（分割法人）
純資産 100

資産など
移転資産 50

（2）「譲渡収入×5％」を取得費とできる

　個人株主が分割法人株式を譲渡する際の株式譲渡所得の計算上、前記
（1）②の金額と「譲渡収入×5％」のいずれか大きい金額を取得費とで
きます。

大きいほうを取得費とできる。

（分割後）
分割法人株式
取得費

譲渡収入×5％

法人株主には適用されない。

付替計算後の取得費

7-10 分割型分割による切離し（親会社への会社分割）

1.実施場面

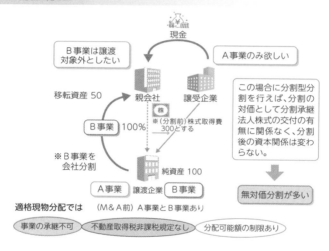

現金

B事業は譲渡対象外としたい

A事業のみ欲しい

移転資産 50

親会社　譲受企業

株

この場合に分割型分割を行えば、分割の対価として分割承継法人株式の交付の有無に関係なく、分割後の資本関係は変わらない。

B事業　100%

※(分割前)株式取得費300とする

※B事業を会社分割

純資産 100

A事業　譲渡企業　B事業

無対価分割が多い

適格現物分配では　（M&A前）A事業とB事業あり

事業の承継不可　不動産取得税非課税規定なし　分配可能額の制限あり

　譲渡企業の株主が100%親会社である場合、譲渡企業に非事業用資産があればM&A前の適格現物分配が考えられますが、次のような場合には、親会社への無対価の吸収分割が考えられます。税務上この分割も分割型分割と考えます（法法２十二の九ロ）

① 譲渡企業の非事業用資産のほか、複数事業のうちの１つを譲渡対象外として親会社に残したい場合

② 譲渡対象外とする不動産の金額が大きく、会社分割の不動産取得税非課税要件【７－11】を充足できる場合

③ 適格現物分配を行うための分配可能額【５－４】がない場合

2．税務上の取扱い

（1）適格判定

平成29年度税制改正により、100%親会社と譲渡企業との支配関係についての分割後の継続見込みは、この無対価分割の適格判定のうえで求められないことになったため、親会社がM&Aにより譲渡企業株式を譲渡しても適格となり無税で会社分割を行えます（法令4の3⑥一イ）。

（2）付替計算

親会社（分割承継法人）が保有する譲渡企業（分割法人）株式の税務上の簿価は次のようになり、株式譲渡損益の計算上留意が必要です。

① （分割前）分割法人株式取得費

② 　①×（承継資産等の純資産（分母を上限）／前期末分割法人純資産）

③ （分割後）分割法人株式取得費　＝　①－②

※　詳細：法法61の2④、法令119の3⑱、119①六、119の8、23①二

$$\boxed{（分割後）分割法人株式取得費}$$
$$300-300×(50／100)=150$$

（3）適格の場合の注意点

親会社と譲渡企業との間で50%超の支配関係が5年以内の場合には、親会社において繰越欠損金の使用制限や含み損のある資産の譲渡損の損金算入制限の対象となるため、親会社に繰越欠損金がある場合や親会社が含み損のある資産を譲渡する場合には注意が必要です。

内容は【6－2の3】（1）（2）（3）と同様となるため、詳細はこちらをご参照ください。

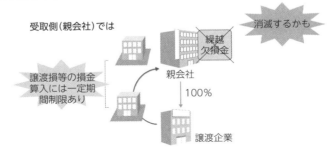

189

7-11 分割型分割による切離し（不動産取得税など）

- 登録免許税と不動産取得税は原則かかる。
- 不動産取得税は非課税要件を満たせばかからない。
- 事業を承継しない場合はこの非課税要件を満たさない。

1. 登録免許税と不動産取得税は原則かかる

　会社分割でも不動産を受け入れる分割承継法人側では登録免許税と不動産取得税が原則としてかかります【1-15の2・3】。

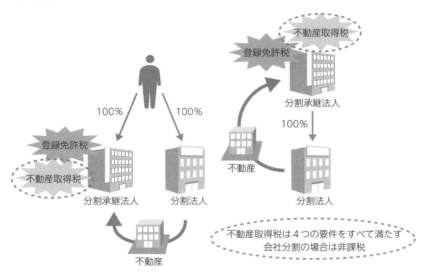

不動産取得税

登録免許税

分割承継法人

100%

登録免許税

不動産取得税

分割承継法人　分割法人

不動産

不動産

分割法人

不動産取得税は4つの要件をすべて満たす会社分割の場合は非課税

2. 会社分割の不動産取得税などの非課税要件

　不動産取得税や自動車税環境性能割については、例外的に合併の場合や、次の4つの要件をすべて満たす会社分割の場合などでは非課税となります（地法73の7二、150①二、地令37の14、44の3①）。

---
① 　会社分割の対価として株式以外の資産が交付されない

　（株式が交付される分割型分割の場合は分割法人の株主の持ち株割合に応じ
　　て株式が交付されるものに限る）

② 　分割事業の主要な資産と負債が分割承継法人に承継

③ 　分割事業が分割承継法人で引き続き継続見込み

④ 　分割事業の従業者の概ね80％以上が分割承継法人の業務に従事見込み

　なお、新設分割の場合も吸収分割の場合も同様の考え方となります。

（ア）事業が承継されない場合

　事業を承継しない会社分割もあり得ますが、この場合には、上記③の要件を満たすことはできません。たとえば、本社不動産を会社分割後、分割承継法人から分割法人にその不動産の賃貸を開始する場合などです。

（イ）従業者がいない場合

　従業者が存在しない不動産賃貸業の会社分割の場合でも、上記④の要件を満たすという考え方が一般的になっていると思われます。また、実務的には、分割前は分割法人のオーナー社長のみを不動産賃貸業の従業者とし、そのオーナー社長が分割承継法人の業務に従事する形とすることでこの要件を満たした事例も複数あるようです。

　ただし、都道府県ごとに取扱いが異なる可能性もあるため、管轄の都道府県に事前相談するのがよいでしょう。

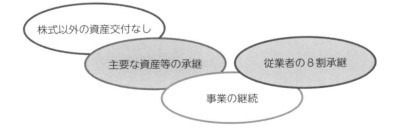

第 8 章

個人からの不動産買取り

本章のねらい

　譲渡企業がオーナーから不動産を賃借している場合、M&A時に譲渡
企業がオーナーから買い取るケースがよくあります。不動産を譲渡した
オーナーの譲渡所得の計算方法や留意点等を確認します。

8-1 譲渡所得および税額の計算

- ・分離短期譲渡所得は税率が約40％。
- ・短期か長期かは譲渡年の１月１日で所有５年の有無で判定。
- ・不動産の譲渡損益同士の通算はできる。

1. 実施背景

　譲渡企業が土地や建物をオーナー等の個人から賃借しているケースが多くあります。このケースでは、M&A後も賃料改定を検討したうえでそのまま賃借することもありますが、ここでは、個人がその不動産を譲渡企業へ譲渡する場合の取扱いについてみていきます。

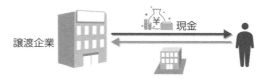

2. 所得の計算方法

（1）内容

　不動産を譲渡した場合の所得の計算は「譲渡収入－取得費・譲渡費用」となり、一定の場合は、さらに特別控除を控除できます。譲渡費用は、売買契約の印紙代、仲介手数料、測量費、土地を譲渡するための建物取壊費用・建物未償却残等です（所基通33－7、33－8）。

（2）特別控除

　土地や借地権について、平成21年に取得したものは平成27年以後、平成22年に取得したものは平成28年以後に譲渡し一定の要件を満たせば、所得の計算上、1,000万円の特別控除を適用できます（措法35の2、措令23の2、措規18の3）。このほか、居住用不動産を譲渡した場合の3,000万円の特別控除などがあります。

3. 短期と長期の区分

譲渡した年の1月1日時点で所有が5年以下であれば分離短期譲渡所得、5年超であれば分離長期譲渡所得となります。

分離短期譲渡所得の税率は39.63%（復興税・住民税込み）、分離長期譲渡所得の税率は20.315%（復興税・住民税込み）となり、税率に大きな違いがあります。

なお、相続・贈与により取得した不動産を譲渡した場合の取扱いは、【8－2の3】をご参照ください。

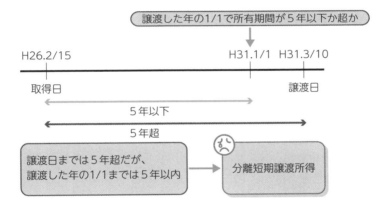

4. 譲渡損失と他の所得との通算はできない

不動産の譲渡損失が生じた場合、一定の居住用不動産の譲渡損失を除き、給与所得等の他の所得との損益通算や損失の繰越控除はできません。

しかし、不動産の譲渡損益同士（短期と短期、長期と長期のほか、短期と長期も含む）の通算はできます（措法31、32）。たとえば、建物の譲渡損失を土地の譲渡所得に充当できます。

8 個人からの不動産買取り

8-2 譲渡所得計算上の 「取得費」

ポイント

・建物の取得費は減価償却後の簿価。

・譲渡収入の５％を最低限の取得費とできる。

・相続・贈与による取得は取得費・取得時期を引き継ぐ。

1. 建物の取得費は減価償却後の簿価

建物の取得費は減価償却後の簿価となります。

減価償却後の簿価を売買価額とすることも多く、この場合には譲渡所得が発生しません。

2.「譲渡収入×５％」を取得費とできる

個人が土地や建物を譲渡する場合、「譲渡収入×５％」を取得費とできます。株式譲渡と同様です【2-5の1】。

3. 相続・贈与による取得は前所有者の取得費・取得時期を引き継ぐ

（1）取得費の引継ぎ

相続（限定承認によるものを除く）や贈与により土地や建物を取得した場合には、前所有者の取得費を引き継ぐとされており、これも株式譲渡と同様です【2-5の2】。

（2）取得時期の引継ぎ

取得時期も引き継ぐとされているため、死亡した人や贈与した人が取得したときから、引き継いだ者が譲渡した年の１月１日までの所有期間が５年以内か超かで分離短期譲渡所得か分離長期譲渡所得かを判定します。

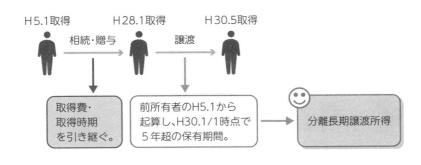

4. 相続税を取得費に加算できる

相続により引き継いだ不動産を譲渡する場合、相続後3年10カ月以内の譲渡であれば、その不動産にかかった相続税を取得費に加算できます。これも株式譲渡と同様です【2−6の2】。

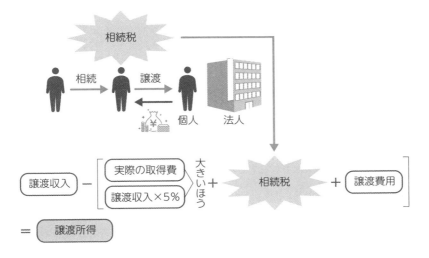

8-3 その他の留意点

ポイント

・譲渡した個人は翌年に確定申告必要。

・適正な価額で売買する。

・不動産の売買の場合は未経過固定資産税の精算も検討する。

1. 翌年に確定申告を行う必要がある

　個人は、土地や建物の譲渡所得が発生した場合には、譲渡年の翌年2月16日から3月15日までに確定申告を行う必要があり、「譲渡所得の内訳書（確定申告書付表兼計算明細書）【土地・建物用】」等を併せて提出します。

2. 適正な価額で売買する

　実務上参考とする時価の目安は【7-4】をご参照ください。

3. 受取側で登録免許税と不動産取得税がかかる

　不動産を売買により譲り受けた譲渡企業では所有権移転に係る登録免許税と不動産取得税【1-15の2・3】をはじめ、司法書士への登記依頼時の報酬、売買契約書に貼る印紙代がかかります。

4. 未経過固定資産税

　未経過固定資産税の取扱いは【7-3の2】をご参照ください。

5. 建物の売買の際は納税義務を判定

　従前、譲渡企業に対し賃貸していた事務所、店舗、工場用の建物を譲渡企業に譲渡する取引がよくあります。この取引には消費税がかかりますが、譲渡した個人に消費税の納税義務があるか否かを判定する必要があります【1-9の5】。結果として、納税義務がなく、消費税は受け取るものの納付しなくてよいケースがほとんどです。

6. 不動産を譲渡企業に現物出資する方法

（1）課税内容

　不動産の現物出資者は分離譲渡所得課税され、現物出資により取得する株式時価が譲渡収入となります。次は実行時の課税リスクです。

---

① 　株式時価が不動産時価の２分の１未満の場合、不動産時価での「みなし譲渡」課税リスク【１−11の２】

② 　他の株主の株式価値が増加すれば他の株主に贈与税課税リスク【10−１の４】

③ 　現物出資者に対する有利発行に関する課税リスク【10−１の４】

　これらの課税リスクと妥当な株価算定の煩雑さ等もあり、M&A時には実施しづらい側面もありますが、債務超過の案件で現物出資後も株価がゼロの場合や株主が１人でその者が現物出資する場合には②・③はないため、①と他の増資の際の留意点【10−1の４】を検討したうえで実施する余地はあるといえます。

（2）譲渡企業は課税なし

　現物出資は資本等取引のため譲渡企業では課税はなく、繰越欠損金がある場合であっても使用せずに済みます。

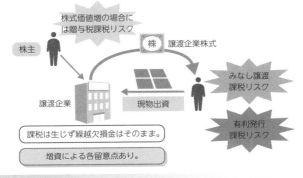

7. 不動産取得法人は法定調書の提出必要

　オーナーから不動産を買い取った法人は、税務署へ法定調書を提出する必要があります【14−4】。

199

第 **9** 章

グループ法人税制

本章のねらい

　グループ法人税制は100％グループ内の法人同士の一定の取引に課
税を生じさせないよう強制適用されます。このうちM&Aを進めるうえ
で押さえておきたい制度と留意点等を確認します。

9-1 グループ法人税制の概要

1．100%グループ内の内国法人間取引が対象

グループ法人税制は、100%グループ内の内国法人※間取引を適用対象とし、内国法人と個人や外国法人との取引は適用対象外としています。

100%グループ内の各法人を一つのグループとみなし、グループ内の法人間取引には課税が生じないよう考慮された法人税に関する制度です。

※ 日本に本店や主たる事務所がある法人。

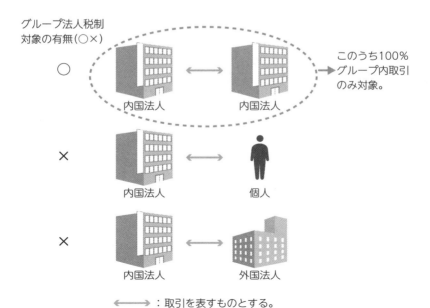

グループ法人税制
対象の有無(○×)

○ 内国法人 ←→ 内国法人　　このうち100%グループ内取引のみ対象。

× 内国法人 ←→ 個人

× 内国法人 ←→ 外国法人

←→ ：取引を表すものとする。

2. 適用対象取引イメージ

次の図は、どのような内国法人間取引がグループ法人税制の適用対象となるのかを示したイメージ図です。

親子会社間取引だけでなく兄弟会社間取引等も対象となります。

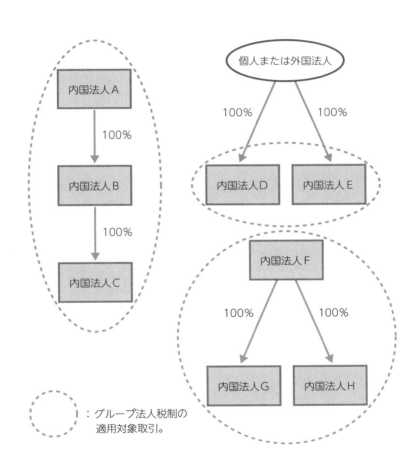

3. グループ通算制度との比較

　グループ法人税制は、平成22年税制改正により新たに創設されました。グループ通算制度【13-1】との制度上の概要の違いは次のとおりです。

	グループ法人税制	グループ通算制度
対象税目	法人税に関する制度である。	
グループの範囲	100％資本関係にある内国法人グループ（個人や外国法人を頂点としてもよい）	100％資本関係にある内国法人グループ（内国法人（親法人）を頂点としたグループ）
100％支配関係	100％を見る際には次の留意事項あり。 ① 自己株式数は除外して判定 ② 名義株は実際の権利者が所有しているとして判定 ③ 種類株式はそのまま含めて判定 ④ 次の合計数が自己株式数を除いた全株の5％未満なら除外して判定 　ア）従業員持株会所有数 　イ）新株予約権行使による所有数	
適用	強制適用	選択適用
グループ内所得通算	行わない	行う
法人税申告納付 （納税主体）	各法人が申告納付	同左
中小企業の優遇措置 （軽減税率の適用等）	自社が資本金1億円超の場合や、資本金5億円以上の法人の100％子会社等では適用できない【11-2】。	グループ内のすべての法人が中小法人に該当すれば適用できる【13-1の5】。

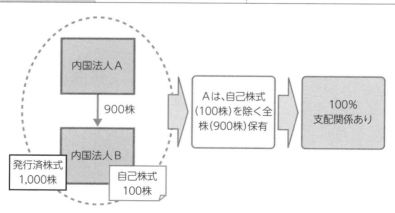

4. グループ法人税制の具体的な制度一覧

グループ法人税制の具体的な制度概要は次のとおりです。

具体的な制度	参照項目
100%グループ内での土地等の譲渡損益をいったん繰り延べる。	9−2
100%グループ内で寄附を行うと課税が生じない。	9−3
100%子会社を清算した場合の株式消却損は損金算入不可だが繰越欠損金は引き継げる。	9−4
100%グループ内で株式をその発行法人へ譲渡した場合は株式譲渡損益は発生しない。	5−5の2
100%グループ内の法人からの受取配当は全額が非課税 （完全子法人株式等に該当）。	5−6
100%グループ内で現物分配をすれば無税で資産を動かせる。	6−1 6−2
資本金5億円以上の法人の100%グループ内では中小企業優遇措置が適用不可。	11−2
その他	−

> 同じ取引でも、100%グループ内の内国法人間取引とその他の法人間取引（グループ外法人間取引など）とで取扱いが異なる!!

9-2 100%グループ内での譲渡損益をいったん繰り延べる制度

ポイント

・土地等の譲渡損益をいったん繰り延べる制度である。

・再譲渡したり100%関係が崩れると繰延損益が実現する。

・M&Aに伴い100%関係が崩れることによる課税に注意。

1. 譲渡損益をいったん繰り延べる制度

　この制度は、100%グループ内の内国法人間で土地など一定の資産を譲渡した場合に、会計上の譲渡損益を税務上いったん繰り延べし（課税を生じさせず（法法61の13①［令和4年4月～法法61の11①］））、取得した法人がグループ内外問わず再譲渡したり、100%支配関係が解消されたときに、譲渡法人側でいったん繰り延べられた譲渡損益を税務上実現させる（法法61の13②③［令和4年4月～法法61の11②③］）グループ法人税制の一つです。

（例）A社はB社へ土地1億円（簿価）を1.5億円（時価）で譲渡、B社は第三者へ1.5億円で譲渡。

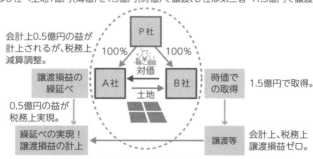

※　財務省の平成22年度改正関係参考資料（法人税関係）を基に作成。

2. 対象となる一定の資産とは

　「一定の資産」とは、税務上の簿価が1,000万円以上の①固定資産、②土地（土地の上に存する権利を含む）、③有価証券（売買目的有価証券と、

譲受法人において売買目的有価証券となるものを除く）、④金銭債権、⑤
繰延資産となり、「譲渡損益調整資産」といいます（法法61の13①［令和
4年4月～法法61の11①］、法令122の14①［令和4年4月～法令122の12
①]）。

　実務的に代表的なものとしては土地が挙げられ、土地の場合のみ、固定
資産でも棚卸資産でも対象となります。

3.M&A での留意点

　適用検討場面は実務上少ないかもしれませんが、100％グループ内の1
社を株式譲渡によりM&Aするようなケース（たとえば、子会社や兄弟会
社の譲渡）では、100％支配関係が解消されることに伴い、以前にグルー
プ内で一定の資産を売買した際にいったん繰り延べた譲渡損益が譲渡法人
側で実現し、場合によっては大きな課税が生じるため留意が必要です。

　このほか、繰延べの対象となった不動産を再譲渡する場合も同様です。

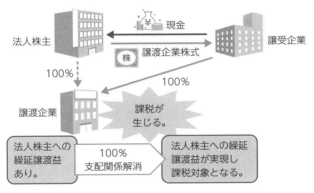

4.別表で繰延額を確認しておく

　繰り延べられた譲渡損益は、法人税申告書の別表十四（五）（および別
表五（一））で確認できるため、譲渡企業の分はもちろん、譲渡対象外の
グループ会社の分も確認すべきです。グループ会社で繰り延べられた譲渡
企業への譲渡損益があれば、譲渡企業株式をM&Aで譲渡することにより
譲渡損益が実現します。

9-3 100%グループ内で寄附を行うと課税が生じない

ポイント

・寄附側、受けた側の双方で課税が生じない制度である。
・個人株主の場合の内国法人間取引は適用対象外。
・寄附時点で100%グループ内であれば適用される。

1. 寄附側、受けた側双方で課税が生じない制度

この制度は、100%グループ内の内国法人間で寄附行為を行った場合に、寄附を行った側では損金不算入、寄附を受けた側では益金不算入とし、結果として課税を生じさせないグループ法人税制の一つです（法法37②、25の2①）。

この寄附側の損金不算入、受けた側の益金不算入は同一の行為につき、同時に同額がつねに表裏一体的に適用されます。

【9-2】の譲渡損益繰延べの制度よりも適用検討場面が実務上多く出てくる傾向が見受けられます。

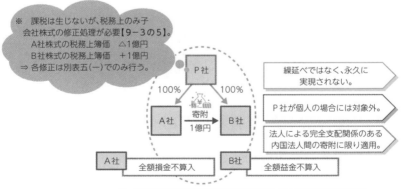

※ 財務省の平成22年度改正関係参考資料（法人税関係）を基に作成。

○ A社とB社が法人による完全支配関係がなければ次のように通常の寄附金の取扱い。

2.個人株主の場合の取引は適用外

　注意すべき点は、他のグループ法人税制の制度と異なり、法人による完全支配関係のある内国法人間取引を適用対象とし、個人株主が保有している内国法人間取引を適用対象外としている点です。

　対象か対象外かを具体的に示すと次のとおりです。

（1）対象取引

①　A社がB社とC社をそれぞれ100％保有する場合

　A社B社間取引、A社C社間取引、B社C社間取引が対象。

②　D社がE社を100％保有する場合

　D社E社間取引が対象。

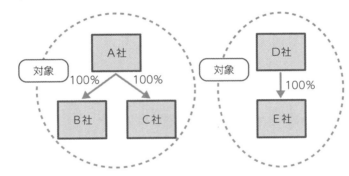

（2）対象外取引

　個人（親）がF社を100％保有、個人（息子）がG社を100％保有する場合は、F社G社間取引は対象外となります。

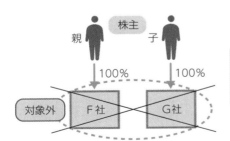

左図の親と子が同一人の場合（例：親がF社とG社を保有する場合）も同様に対象外。

209

3. 寄附時点で適用を判断

　【9-2】の譲渡損益繰延べの制度とは異なり、事後的に100%支配関係が崩れたとしても、課税に影響はありません。寄附行為が行われた時点で100%支配関係があるか否かで適用の有無を判断します。

4. 親会社への金銭の寄附は配当扱いの可能性あり

　100%子会社から親会社への金銭による寄附は、配当扱いとみなされる可能性があるため留意が必要です（法基通1-5-4）。

5. M&A での留意点

（1）検討場面

　親会社から100%子会社へ寄附行為（たとえば、子会社の債務超過を一定額解消するための子会社向け債権放棄や寄附金支出）を行った後、子会社株式をM&Aにより譲渡するケースがあります。

（2）課税関係

　グループ法人税制の寄附金・受贈益の制度の適用を受けると、その課税関係は次の①・②に分けての取扱いとなります。

① 寄附行為

　親会社では損金不算入、子会社では益金不算入となり、いずれにも課税は生じません。ただし、この寄附金を受けた結果、子会社株式の価値は同額分増加するため、親会社が保有する子会社株式の税務上の簿価を寄附金分増加させます（法令9①七、119の3⑥、119の4①）。この段階では親会社・子会社とも課税は生じません。

② 子会社株式の譲渡

　次に子会社株式が譲渡されると、親会社では子会社株式の税務上の簿価が寄附金分増加しているため、会計上の子会社株式譲渡益を税務上は寄附金分減額させ、課税対象額を圧縮できます。

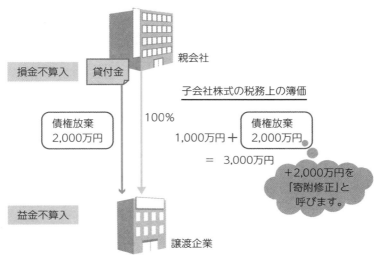

損金不算入　貸付金

親会社

債権放棄
2,000万円

100％

子会社株式の税務上の簿価

1,000万円 ＋ 債権放棄
2,000万円

＝　3,000万円

＋2,000万円を
「寄附修正」と
呼びます。

益金不算入

譲渡企業

（例）子会社株式の譲渡価額1億円（譲渡費用ゼロ）の場合
　○　会計上の子会社株式譲渡益
　　　1億円　－1,000万円　＝　9,000万円
　○　税務上の子会社株式譲渡益
　　　1億円　－（1,000万円＋2,000万円）＝　7,000万円

（3）留意事項

　実務上、この適用となるのか整理損（法基通9－4－1）の適用となるのかの判断が必要となるため、留意が必要です。両者の比較を含め詳細は【10-2】をご参照ください。

9-4 100%子会社を清算した場合の繰越欠損金の引継ぎ

ポイント

- ・株式消却損は損金算入不可だが、繰越欠損金は引継ぎ可能。
- ・5年超50%超の支配関係があれば繰越欠損金を全額引継ぎ可能。
- ・100%支配ではない子会社を清算すれば、株式消却損は損金算入可。

1. 子会社の繰越欠損金が引継ぎ可能

この制度は、完全支配関係のある内国法人を清算する場合、残余財産確定時に次の取扱いとなるグループ法人税制の一つです。

> ① 法人株主では、清算法人の株式消却損（子会社株式消却損）を損金算入できない（法法61の2⑰）。
> ② 法人株主の持分割合に応じて、清算法人の繰越欠損金残高を引き継げる（法法57②）。

つまり、親会社が100%子会社を清算した場合、子会社株式簿価を損金算入できない代わりに、子会社の繰越欠損金を引き継げる形となり、譲渡企業の子会社を清算する場合などで適用を検討することがあります。

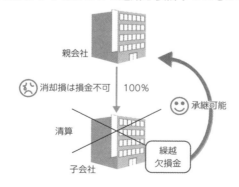

なお、適格合併による繰越欠損金の引継手法については【4-2】をご参照ください。

212

2.5年超支配があれば全額を引き継げる

　繰越欠損金を引き継ぐ前提は、残余財産確定時点で親会社と清算子会社が100%グループ内であることですが、繰越欠損金の引継ぎには制限規定があります。

（1）支配関係5年超の後の清算

　50%超の支配関係が「親会社の残余財産確定日の翌日が属する期の開始日から5年前の日」※以後継続した後に清算すれば、繰越欠損金の全額を引き継げます。

※　この日以後に親会社、子会社いずれかの設立日があればその設立日。

（2）支配関係5年以内の清算

　5年経過せずに清算した場合は、一定の場合※を除き次の欠損金は切り捨てられ引継ぎできません（法法57③）。

- ①　50%超の支配関係が生じた期の前期以前の欠損金。
- ②　50%超の支配関係が生じた期以後の欠損金のうち不動産等の特定資産の譲渡損等。

※　清算子会社における50%超の支配関係が生じた期の前期末純資産に含み益がある場合など（法令113①②③）。

　なお、みなし共同事業要件【4-2】による判定は存在しないこと等を除き、上記の規定は、適格合併による繰越欠損金の引継制限【4-2の2】と足並みを揃え、法人税および法人事業税いずれも同じ取扱いとなります。

| H25.3期 H26.3期 H27.3期 H28.3期 H29.3期 H30.3期 H31.3期 R2.3期 R3.3期 |

欠損金　欠損金　欠損金　欠損金　100%株式譲渡

残余財産確定日

清算子会社の子会社化した期の前期以前の繰越欠損金は切捨て

親会社の残余財産確定日の翌日の属する期の期首R2.4/1時点で5年間支配関係が継続していない。

※　親会社、清算子会社いずれも3月決算とする。
※　一定の場合を除く。

5年間継続していれば繰越欠損金の全額を引継ぎ可。

213

3. 完全支配関係のない会社清算との比較

完全支配関係のない内国法人を清算する場合との比較は次のとおりです。

清算対象法人	子会社株式消滅損　損金算入	子会社の繰越欠損金残の引継ぎ
完全支配関係のある子会社	×	○
完全支配関係のない子会社	○	×

　完全支配関係のない子会社を清算した場合には、子会社株式簿価を損金算入できますが、子会社の繰越欠損金残高は引き継げない取扱いとなり、100%か否かで大きく取扱いが異なります。

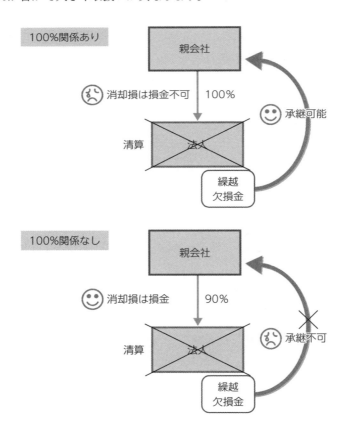

214

4. 事前に 100％とすることの是非

（1）手法の概要

　前記「3.」の取扱いとなるため、事前に株式を取りまとめ完全支配関係のある子会社としたうえで子会社を清算し、繰越欠損金を引き継ぐという手法が考えられます。

　たとえば、子会社株式の50％超を5年超保有しており、株式消却損を損金算入するよりも繰越欠損金を引き継ぐほうが有利と試算された場合、事前に100％子会社としたうえで清算し繰越欠損金の全額を引き継ぐという手法です。

（2）検討してみる

　清算直前で100％とすることを制限している規定等もなく、また、100％子会社を清算するほうが100％でない子会社を清算するより清算手続も簡便に実施できるため、結果として取りまとめ行為には経済合理性が成り立つことも多く、一手法として検討の余地があるといえます。

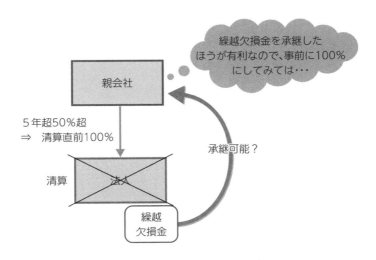

繰越欠損金を承継したほうが有利なので、事前に100％にしてみては・・・

親会社

5年超50％超
⇒　清算直前100％

承継可能？

清算　法人

繰越
欠損金

第 **10** 章

譲渡企業への貸付金等

本章のねらい

　役員借入金など（役員や親会社からの譲渡企業への貸付金）をM&A
時にどう処理するかが論点となるケースがあります。譲渡企業から返済
するのが通常ですが、役員や親会社が債権放棄した場合などの課税関
係と留意点等を確認します。

10-1 譲渡企業への貸付金放棄、DES、擬似 DES、債権譲渡

ポイント

- ・譲渡企業への貸付金を放棄すると譲渡企業では益金が発生。
- ・その放棄の際には放棄する者から株主への贈与に留意。
- ・増資の際には留意点が多い。

1. 概要

　中小企業には役員借入金（役員から譲渡企業への貸付金）があるケースが多くあります。この役員借入金の処理について、M&A時の実務的な対応を考えてみると、役員借入金を返済することがもちろん一番多く、その次に債権放棄、ごくまれに擬似DES、債権譲渡による対応などがみられます。

2. 債権放棄

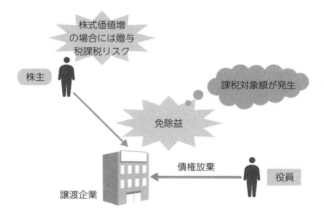

（1）譲渡企業の課税

　役員側から譲渡企業へ債権放棄を行う（債権放棄通知書を出すのみの簡単な手続による）と譲渡企業には益金が発生し、課税対象額が生じます。

（2）株主の課税

　この放棄により株主が保有する同族会社である譲渡企業株式の価値が増加する場合には、債権放棄する役員と株主が同一人でなければ、役員から株主への贈与税課税リスクがあるため留意が必要です（相基通9−2）。

　なお、債権放棄した後でも株価がゼロの場合には、価値の増加がないとされこの贈与税課税は生じません。

3. DES

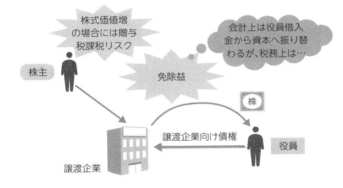

（1）譲渡企業の課税

　DES（デット・エクイティ・スワップ）は譲渡企業向け債権を譲渡企業株式に振り替える手法ですが、過去の事例ではほぼ実施していない状況にあります。この手法を検討する案件では実質大幅債務超過となっており、実施すると、会計上は役員借入金から資本へ振り替わったとしても、税務上は役員借入金から益金へ振り替わります。

　結果として、債権放棄した場合と同じ課税関係となり、さらに手間等がかかるため、採用しないとの結果となります。

（2）株主の課税

　役員と株主が同一人ではない案件で、DESを行った結果、株価が付く場合には、役員から株主への贈与税課税リスクの検討も必要です（相基通9−2）。

4. 擬似DES（増資の際の留意点含む）

（1）譲渡企業の課税

　役員が譲渡企業向け債権と同額程度を譲渡企業に増資し、譲渡企業がその資金をもって役員借入金を返済するという、いわゆる「擬似DES」と呼ばれる手法があります。前記のDESの場合と同様に、実質大幅債務超過案件などで検討することがあります。

　前記のDESと実質的には変わらないともいえるため、「同様に譲渡企業に益金が発生しないのか？」という疑問が生じますが、原則、資本等取引と考え課税は生じないとするのが一般的な解釈となっています。

（2）増資の際の留意点

　増資の際には、次の点に留意しておくべきです（【8－3の6】の現物出資の際にも同様のことがいえます）。

①　増資後の資本金を1億円以下にする

　増資後の資本金を1億円以下にすることで、引き続き中小企業における税務上の各優遇措置を適用できます。

②　増資後の資本金を3,000万円以下にする

　増資後の資本金を3,000万円以下にすることで、引き続き適用できる次のような制度もあります。

・中小企業者等が機械等を取得した場合の法人税額の特別控除（措法42の6②）：「投資額×7％」を税額控除できる。

③ 半額を資本準備金にする

払込額全額を資本金とするのではなく、払込額の半額を資本金、残り半額を資本準備金とすることで、資本金増加額に対して0.7%（最低３万円）かかる登録免許税の負担を軽減できます。

④ 均等割負担増を考慮する

増資額分だけ税務上の資本金等が増加することにより、法人住民税の均等割負担区分が上がれば毎期の均等割額が増加します。

⑤ 株主への贈与税課税リスクを考慮する

増資の際の出資者と従前の株主が同一人ではない案件で、増資を行った結果、株価が付く場合には、出資者から株主への贈与税課税リスクの検討も必要です（相基通9−2）。

⑥ 増資の際の出資者のリスクを考慮する

第三者割当増資（特定の者による増資）で新株の出資者が株式の時価よりも有利な安い価格で増資を行うと、時価と増資価格との差額につき、出資者の課税は次の取扱いになります。

○ 個人が新株の出資者となる場合※

ア）給与所得または退職所得の課税対象：給与所得または退職所得として与えられるもの。

イ）贈与税の課税対象：上記ア）に該当しない場合で、従前の株主と新株の出資者に親族等の関係があり、同族会社の場合。

ウ）一時所得の課税対象：上記ア）およびイ）に該当しない場合。

※ 参考：『相続税法基本通達逐条解説（令和２年11月改訂版）』（森田哲也編、大蔵財務協会刊）の「相続税法基本通達9−4」。

○ 法人が新株の出資者となる場合

・受贈益課税。

なお、株主割当増資（従前の株主の持分比率に応じての増資）の場合は個人出資者にも法人出資者にもこのようなリスクはありません。

5. 債権譲渡

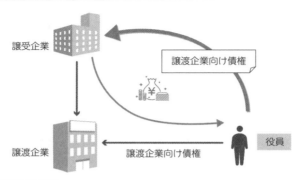

（1）譲渡企業の課税

譲渡企業の役員借入金の金額は変動しないため、課税は生じません。

（2）債権譲渡の時価

債権譲渡における債権の時価について定めた税法上の明確な規定は存在せず、実務上精緻な金額を算定するのは非常に困難といえます。過去の事例では譲渡企業が実質大幅債務超過である点や役員借入金の返済見込みがない点を考慮し、役員と譲受企業や譲受企業側の個人との交渉により、備忘価額（1円など）で譲渡することがありました。譲受企業が譲り受ける場合は譲受企業に受贈益課税、譲受企業側の個人が譲り受ける場合はその個人に贈与税の課税リスクがあるといえますが、税務上の問題が生じた事例は見当たらないように思います。

（3）役員の課税

役員が債権（譲渡企業への貸付金）を備忘価額で譲渡すると、譲渡損が生じますが、この譲渡損は役員個人の所得金額の計算上、他の所得との通算等はできません。

（4）グループ法人税制の寄附金・受贈益

譲渡企業株式を100％取得した譲受企業が備忘価額により債権を譲り受ければ、親会社（譲受企業）側の債権額と100％子会社（譲渡企業）側の債務額が一致しない形となります。債権譲渡後の税務上の各取扱いは次のとおりです。

(例) オーナーは譲受企業へ100％株式譲渡し、役員は譲渡企業向け債権100を譲受
企業へ1で譲渡する。
　　　なお、この債権譲渡の対価1は、税務上適正額とする。

	親会社（譲受企業）	子会社（譲渡企業）
回収	現金預金　　　100 ┃ 債権　　　　　　1 　　　　　　　　　　　　益　　　　　　99 ➡ 99　に対し課税が生じます。	債務　　　　　100 ┃ 現金預金　　　100 ➡ 課税は生じません。
債権放棄	寄附金　　　　　1 ┃ 債権　　　　　　1 子会社株式　　　1 ┃ 利益積立金　　　1 ➡ 課税は生じません【9−3】。 ・グループ法人税制により寄附金1は全額 　損金不算入 ・税務上の子会社株式を1増加させる	債務　　　　　　1 ┃ 受贈益　　　　　1 債務　　　　　99 ┃ 債務免除益　　99 ➡ 99　に対し課税が生じます。 ・グループ法人税制により受贈益1は全額 　益金不算入 ・グループ法人税制が適用されるのは寄附 　金1と同額のみ
合併	（適格合併による資産等の引継ぎ） 資産　　　　1,000 ┃ 負債　　　　1,490 　　　　　　　　　　　┃ 資本金等　　　　10 　　　　　　　　　　　┃ 利益積立金 ▲ 500 資本金等　　　　5 ┃ 子会社株式　　　5 ➡ 課税は生じません。 （混同による消滅） 債務　　　　　100 ┃ 債権　　　　　　1 　　　　　　　　　　　┃ 債務消滅益　　99 ➡ 99　に対し課税が生じます。	（適格合併による資産等の引継ぎ） 負債　　　　1,490 ┃ 資産　　　　1,000 資本金等　　　　10 ┃ 利益積立金 ▲ 500 ┃ ➡ 課税は生じません。

10-2 親会社が譲渡企業向け債権を放棄する場合等

ポイント

・グループ法人税制・寄附金と整理損の判断は慎重に行う必要あり。

・整理損は通達に明記あり。

・整理損に該当すれば、整理する側で損金、受ける側で益金。

1.寄附金か整理損かの判断が必要

（1）実施背景

親会社が100％子会社を株式譲渡によりM&Aする場合において、子会社の債務超過を解消するため親会社が子会社向け貸付金を放棄したり、子会社へ現金を交付し、財務体質を改善してから譲渡するケースがあります。

（2）個別判断

この行為が寄附行為に当たるのか経済合理性のある整理行為に当たるのかの判断は非常にむずかしく、グループ法人税制・寄附金【9-3】の適用を行うのか［法人税基本通達9-4-1］の適用を行うのかは、個別事案ごとに判断していくしかないでしょう。

2.整理行為は通達に明記あり

整理行為の考え方は、次の［法人税基本通達9-4-1］に規定があり、法人が子会社等の解散、経営権の譲渡等に伴い子会社等のために損失負担することに相当な理由があること等であれば、寄附金の額に該当しないとあります。

法人税基本通達9－4－1

　法人がその子会社等の解散、経営権の譲渡等に伴い当該子会社等のために債務の引受けその他の損失負担又は債権放棄等（以下9-4-1において「損失負担等」という。）をした場合において、その損失負担等をしなければ今後より大きな損失を蒙ることになることが社会通念上明らかであると認められるためやむを得ずその損失負担等をするに至った等そのことについて相当な理由があると認められるときは、その損失負担等により供与する経済的利益の額は、寄附金の額に該当しないものとする。(昭55年直法2-8「三十三」により追加、平10年課法2-6により改正)
(注)　子会社等には、当該法人と資本関係を有する者のほか、取引関係、人的関係、資金関係等において事業関連性を有する者が含まれる（以下9-4-2において同じ。）。

3. 寄附金と整理損の課税の違い （貸倒損失の取扱い含む）

両制度の取扱いの違いは次のとおりです。

制度	寄附または整理側法人（親会社）		受領法人（子会社）	
グループ法人税制 寄附金 受贈益	損金不算入	子会社株式を譲渡すれば寄附金分の譲渡原価は損金【9－3の5】	益金不算入	繰越欠損金を使用しないで済む。
整理損	損金	—	益金	繰越欠損金を使用してしまう。

　なお、この整理損の課税の取扱いは貸倒損失が適用される場合の取扱いと同様となります。たとえば、親会社の子会社向け貸付金等に貸倒損失の損金算入が認められれば、子会社では債務免除益の益金が計上されます。

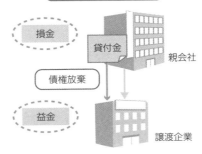

整理損に該当すれば

4. 課税の違いからいえること

　親会社が子会社株式をM&Aにより譲渡する場合、結論としては、グループ法人税制・寄附金に該当すれば、子会社に益金が生じないため、子会社の繰越欠損金を使用しないでよい分、有利といえます。

　グループ法人税制では寄附側でいったん全額損金不算入としますが、寄附金の金額分だけ子会社株式の税務上の簿価が増加するため、子会社株式が譲渡されれば、親会社の税務処理は、いずれのケースでも同額分だけ損金が発生する結果になります。

5. 税務署への個別相談事例

　過去の事例で、次のようなものがありました。

（1）前提状況

・譲渡企業は実質大幅債務超過、毎期欠損が続いている状況。

・譲渡企業には1人株主である親会社からの多額の負債あり。

・譲受企業とのM&Aの交渉の結果、その負債はM&Aによる譲渡の対象とせず、親会社が譲渡企業向けの債権放棄を選択。

・譲渡企業は新設分割により新設会社に事業を承継し、その新設会社株式を譲受企業へ譲渡し、その後譲渡企業は清算予定。

（2）論点

　債権放棄がグループ法人税制・寄附金、整理損のどちらに該当するか。

（3）税務署からの回答例

　税務署に個別相談を行った結果、交渉の結果決まった債権放棄であるため、親会社が負担するのに相当な理由があったという考え方から、この事案では整理損に該当すると税務署から回答を得ました。

（4）考え方

　個別事案ごとに慎重に検討が必要ではあるものの、このような状況下でM&Aを前提とした債権放棄や支援であれば、整理損に該当するという説明になりやすいといえます。

逆に、子会社の財務内容も優良で、M&Aの交渉の結果ではなく、単に100%子会社向けの債権を放棄した場合には、単なる寄附金としてグループ法人税制・寄附金の適用を受けることになります。

（5）個別相談のすすめ

前述のとおり、この判断は個別事案ごとに慎重な検討が必要であり、税務署への個別相談をするのがよいでしょう。

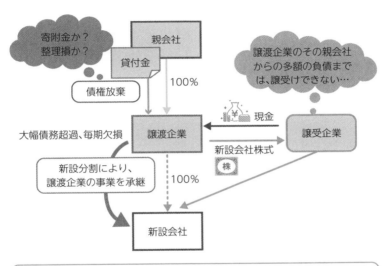

M&Aにより、第三者に子会社等の株式を譲渡する行為は、「法基通9-4-1」に規定する「経営権の譲渡」に該当する。

第 **11** 章

譲渡企業で適用不可となる制度

■ 本章のねらい

　譲受企業が資本金1億円超や5億円以上となる100%株式譲渡M&Aの場合、譲渡企業で従前適用できていた制度の一部がM&A後は適用できなくなり、特に譲受企業側にとってM&A前に押さえておきたい内容です。

11-1 資本金1億円超の法人が株式取得した場合

ポイント

・譲受企業が資本金1億円超の場合、優遇規定の一部が適用不可。
・30万円未満の減価償却資産一括損金算入は適用できなくなる。
・機械等の特別償却等も適用できなくなる。

1. 優遇規定が適用できなくなる

　資本金1億円超の法人が資本金1億円以下の中小企業の株式を2分の1以上株式取得した場合には、譲渡企業において従前は適用を受けられた規定の一部の適用を受けられなくなるため、株式取得後のタックスプランニングのうえで留意が必要です。

　通常は100%株式譲渡が行われるため、譲受企業が資本金1億円超であれば、譲渡企業では次の「2.」の規定が適用できなくなります。

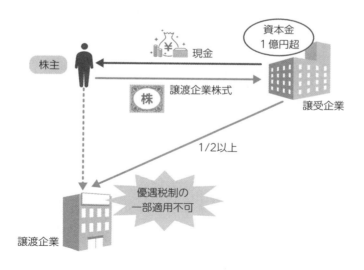

2. 適用できなくなる制度

適用できなくなる制度をいくつかご紹介します。

① 中小企業者等の少額減価償却資産の取得価額の一括損金算入
（取得価額30万円未満の減価償却資産を年間300万円まで一括損金処理できる制度（措法67の5））
≪令和4年3月取得分までの処理≫

② 中小企業者等が機械等を取得した場合の特別償却または法人税額の特別控除
（法人税額の特別控除は中小企業者のうち資本金3,000万円以下の法人に適用（措法42の6①②））
≪令和5年3月取得分までの処理≫

③ 中小企業者等が試験研究を行った場合の法人税額の特別控除（措法42の4④）

今後の改正により、適用期限の延長等もありうるため、動向に留意しましょう。

11
譲渡企業で
適用不可となる制度

11-2 資本金5億円以上の法人が株式取得した場合

ポイント

・譲受企業が資本金5億円以上の場合、優遇規定の一部が適用不可。

・欠損金の繰越控除は所得の50%までにしか充当できなくなる。

・法人税の軽減税率等も適用できなくなる。

1. 優遇規定が適用できなくなる

次の①・②の法人が資本金1億円以下の中小企業の株式を100%株式取得した場合には、前述【11-1】に加え、譲渡企業において従前は適用を受けられた次の「2.」の7つの規定の適用を受けられなくなるため、株式取得後のタックスプランニングのうえで留意が必要です。

① 資本金5億円以上の法人

② 完全支配関係がある複数の資本金5億円以上の法人

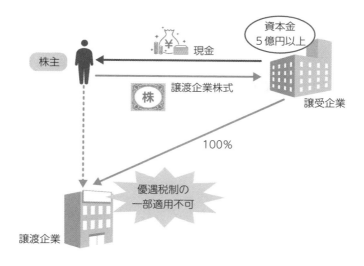

2. 適用できなくなる制度

次の7つの規定が適用できなくなります。

代表的なものとしては⑥の「欠損金の繰越控除」が挙げられます。譲渡企業において従前は繰越欠損金を所得金額全額に充当できましたが、株式譲渡事業年度以後は所得金額の50％までにしか充当できません。

たとえば、譲受企業による株式取得時に譲渡企業において、役員退職金支給による多額の欠損金を作り出すことで当面は無税と考えていたところ、翌期以降の所得の一部が課税対象となることがありえます。

① 軽減税率（法法66、措法42の3の2①）
（年800万円以下の所得への法人税軽減税率使用）【1−6の4】

② 特定同族会社の特別税率の適用除外（法法67）
（1株主グループで50％超となる同族会社の留保金額に対する特別課税（資本金1億円以下の法人では適用除外）。譲受企業が資本金5億円未満である場合や譲受企業が資本金5億円以上の法人でその譲受企業が1株主グループで50％超とならない場合は引き続き適用除外）

③ 貸倒引当金の法定繰入率使用（措法57の9）

④ 交際費等の損金不算入制度における定額控除制度（措法61の4②）
（年800万円まで損金算入可能）

⑤ 欠損金の繰戻還付制度（法法80①、措法66の12）【4−3】

⑥ 欠損金の繰越控除（法法57①⑪）
（所得全額に繰越欠損金充当可能）【4−1の2】

⑦ 貸倒引当金の繰入れ（法法52①②）

11-3 休眠会社の株式取得後、新事業を開始した場合

ポイント

- ・休眠会社を利用した税務対策はできない。
- ・休眠会社を買収後、新事業を開始した場合、繰越欠損金は切捨て。
- ・同時に、含み損のある資産の譲渡損失等も損金算入できない。

1.休眠会社を利用した税務対策はできない

　繰越欠損金や含み損のある資産を保有する休眠会社を買収し、新たな事業を開始することで租税回避を図るという行為に対し、平成18年度の税制改正により制限がかかりました。

　ここでは、代表的なものをみていきます。いずれも、未来永劫制限される内容ではなく、実際の適用場面はほとんどないものの、実務的には、休眠会社を買収、利用した税務対策はできないと考えたほうがよいでしょう。

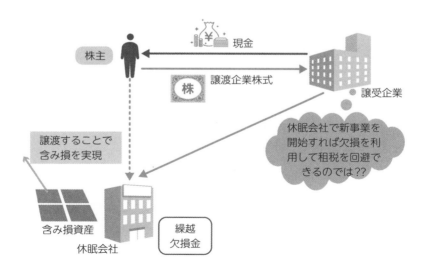

2. 繰越欠損金は切り捨てられる

繰越欠損金のある休眠会社の株式を50％超取得し、その取得日後5年以内に新たな事業を開始した場合、その事業を開始した事業年度の前期以前に生じた繰越欠損金は切り捨てられ使用できません（法法57の2①）。

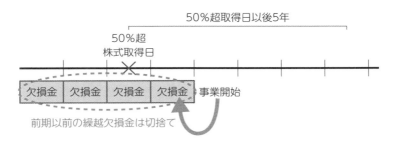

3. 含み損のある資産の譲渡損は損金とならない

含み損のある資産を保有する休眠会社の株式を50％超取得し、新たな事業を開始した場合、その事業を開始した事業年度開始日から一定期間（開始日から3年、株式取得日から5年のいずれか早い日までを期限とする）は、土地等の一定資産の譲渡損等は損金算入できません（法法60の3①）。

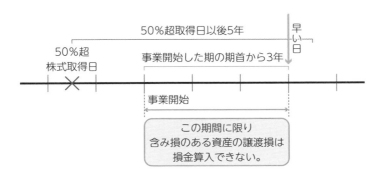

235

第 12 章

連結納税

本章のねらい

　譲渡企業が100％株式譲渡により連結納税グループに加入した場合
や、連結納税グループが連結納税の対象としている100％子会社の株式
を譲渡した場合には、税務上特有の論点があります。M＆A前に押さえ
ておくべき留意点等を確認します。

※　連結納税グループは、令和４年４月１日以後開始事業年度から、原
　則として、グループ通算制度に自動的に移行するため、移行後は第
　13章をご覧ください。

12-1 連結納税制度とは

ポイント

- 連結納税制度は法人税に関する制度である。
- 100％子会社となった法人を制度の対象外とはできない。
- 譲受企業が連結納税グループかを確認する必要がある。

1. 法人税に関する制度である

（1）内容

　連結納税制度は法人税に関する制度となり、親法人（連結親法人）がグループ全体の法人税（地方法人税含む）の申告納付を行います。

　この制度では、内国法人グループ各社の所得と欠損を通算して連結所得金額およびそれに基づく連結法人税額を算出するため、赤字法人があれば、グループ全体の税負担を少なくできる点に最大のメリットがあります。

（2）事例

　決算作業の煩雑さなどから、非上場会社グループの適用事例はまだまだ少ないのが現状ですが、主に譲受企業が上場会社グループの場合にその譲受企業において多くの適用事例があり、譲渡企業における適用事例も少しずつ増えている印象があります。

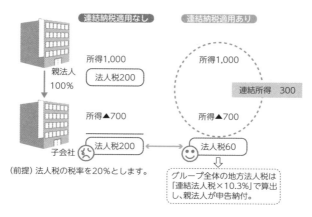

238

2.100％支配関係があれば対象となる

　連結納税制度の対象範囲は、親法人と親法人による100％支配関係のある法人となり、親法人の100％子会社や100％子会社が100％所有している会社（いわゆる孫会社）も含まれます。

　この制度は選択制となり制度の適用は任意ですが、適用すれば一部の100％子会社等を制度対象外とすることはできません。つまり、この制度を適用している譲受企業グループがM&Aにより100％株式取得した会社は、制度の対象とせざるを得ません。

　なお、100％支配関係判定の留意点は【9−1の3】をご参照ください。

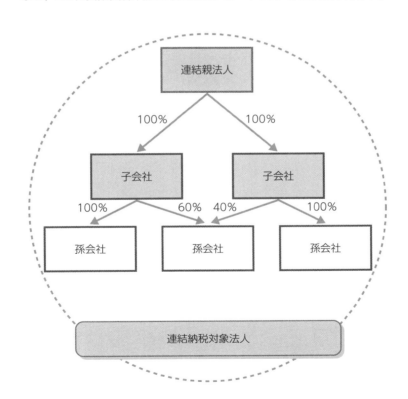

3. 法人税・地方法人税のみ適用

消費税（地方消費税含む）、法人事業税、法人住民税等にはこの制度はなく、グループとして連結納税を適用していたとしても、これら税目は単体法人ごとに課税され、各法人が申告納付します。

ただし、法人事業税、法人住民税について、連結納税を適用している場合の課税標準は、法人事業税では法人税の連結所得金額を、法人住民税では連結法人税額を、それぞれ各単体法人に配分した金額となります。

4. 譲受企業の適用の有無を確認すべき

譲受企業が連結納税を適用している場合には、特有の論点（具体的には次の「5.」以降）があるため、その適用の有無を確認すべきです。

譲受企業が上場会社グループの場合は、「有価証券報告書：連結財務諸表注記（連結財務諸表作成のための基本となる重要な事項）」の記載内容から、その適用の有無を確認できる場合があります。また、譲受企業が非上場会社グループの場合でも確認するようにしましょう。

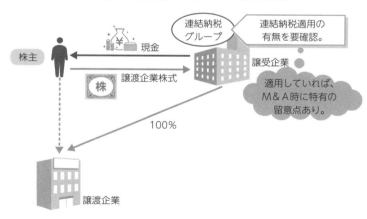

なお、譲渡企業が連結納税グループの場合の特有の論点は、【12-5】をご参照ください。

5. 連結親法人が資本金1億円超の場合

　連結納税グループは、その頂点に位置する連結親法人の資本金を基準に中小企業の優遇規定を適用できるか否かを判断します。

　グループ内の各法人が資本金1億円以下だったとしても、連結親法人の資本金が1億円超であればグループ内の法人全体が中小企業の優遇規定を適用できません。

　よって、譲受企業がこのようなグループに該当すれば、従前適用できていた優遇規定を適用できなくなるため注意が必要です。

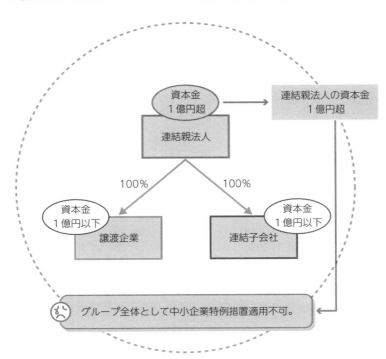

12-2 連結納税グループへの加入日と申告納付

- ・株式の引渡しがあった日が連結納税グループへの加入日。
- ・譲渡企業は期中で決算を締め最後の単体申告納付を行う。
- ・この「みなし事業年度」に特例を選択できる。

1. 連結納税グループへの加入日

譲受企業グループが連結納税制度を適用している場合、100％子会社となった譲渡企業は自動的に連結納税制度の適用対象法人となります。

（1）加入日

連結納税グループへの加入日は株式の引渡しがあった日（連基通1-2-2）とされます。

（2）届出・手続

① 税務署向け

連結親法人は、その加入後、遅滞なく、完全支配関係を有することとなった旨等を記載した書類を所轄税務署に提出する必要があります（法令14の7③、法規8の3の3③）。

② 都道府県・市町村向け

条例により加入法人に届出書の提出を求めている都道府県・市町村があり、個別に確認することが望ましいといえます。

また、連結納税グループが連結法人税で2カ月の申告期限延長をしている場合、加入法人は申告期限延長に関する手続を行う必要があります。

2. 譲渡企業で最後の単体申告納付を行う

（1）内容

加入法人は、連結納税グループに加入するにあたり、事業年度の途中で決算を区切り（「みなし事業年度」と呼びます。）、その後2カ月以内に単体

としての法人税（地方法人税含む）の加入前最後の申告納付が生じること
に留意が必要です。

　なお、加入法人は、法人税と同様、みなし事業年度後2カ月以内に消費
税（地方消費税含む）や地方税の申告納付も行う必要があります。

（2）みなし事業年度

　みなし事業年度は、次のように「①（原則）」と「②（特例）」を選択で
きることから、実務的には、決算作業の煩雑さを防ぐため「②（特例）」を
選択するケースも多くあります。

　① **みなし事業年度（原則）**

　　事業年度開始日～加入日の前日まで（法法4の3⑩、14①六）。

　② **みなし事業年度（特例）**

　　事業年度開始日～加入日の前日の属する月の月次決算期間の末日まで
（法法4の3⑩、14②一イ）。

（3）上記（2）「②（特例）」の届出

　① **内容**

　　連結親法人は、この適用を受けるためには、上記「（2）①（原則）」
に係る申告期限までに、完全支配関係を有することとなった旨等を記載
した書類をその所轄税務署に提出する必要があります（法法14②）。

　② **提出時期**

　　前記「1.」の加入の届出と同時または事後の提出でかまいません。

　③ **様式**

　　前記「1.」と同じ様式を使用し加入時期の特例欄にチェックします。

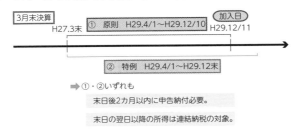

12-3 加入すると含み損益が実現

ポイント

・税務上、譲渡企業での資産の時価評価損益の計上が必要。
・平成29年度税制改正により、営業権の評価益計上は不要となった。
・土地の含み益などが多額であれば大きな課税が生じる。

1. 加入前に評価損益を計上する

　譲渡企業が株式譲渡M&Aにより連結納税グループに加入した場合、連結納税グループに加入する前に、つまり、単体としての最後のみなし事業年度の申告【12-2の2】で譲渡企業の一定の資産について、税務上評価損益を計上する必要があります。

　会計上は何も処理しないため、税務上だけの処理です。

2. 評価損益の計上対象資産

　評価損益を計上する必要がある「一定の資産」とは、①固定資産（圧縮記帳等適用資産を除く）、②土地（土地の上に存する権利を含む）、③有価証券（売買目的および償還有価証券を除く）、④金銭債権、⑤繰延資産となります（法法61の11①、61の12①、法令122の12）。

　実務的に代表的なものとしては、土地、上場株式が挙げられます。なお、土地の場合のみ、固定資産でも棚卸資産でも対象となります。

3. 金額の重要性により評価損益計上不要

　次の①や②の資産は、時価評価不要です。

①　税務上の簿価が1,000万円未満の資産（法令122の12①四）

　※　平成29年度税制改正により創設

② 含み損益が資本金等の2分の1または1,000万円のいずれか少ない金額
未満の資産（法令122の12①五）

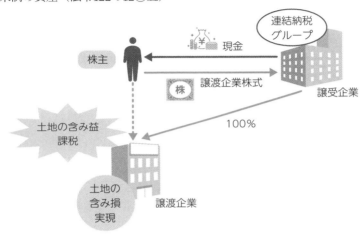

4. 営業権の評価益計上は不要

（1）時価評価は不要

平成29年度税制改正により、税務上の簿価が1,000万円未満の資産が時価評価不要となったことに伴い、もともと帳簿に計上されていない営業権（自己創設のれん）は、時価評価不要とする取扱いが明確になりました。

（2）具体例

たとえば、連結納税グループがM&Aにより時価純資産3億円の譲渡企業株式を5億円で100%取得した場合、譲渡企業において営業権2億円の評価益を税務上一括で益金計上し、課税対象となるという見解が従前は強かったのですが、こういった評価益計上は不要となりました。

5.100%譲渡しなかった事例

（1）内容

　過去の事例で、100%株式譲渡を行わず、譲渡企業が連結納税グループに加入しなかったことでこの時価評価を行わなかった事例がありました。

　旧代表取締役であるオーナーがM＆A後も引き続き役員として社内に継続勤務するため、株式を一定数そのまま保有してもらうことでM＆A後の経営参画意識をより強く持ってもらいたい（譲受企業）、モチベーションを落とさず勤務したい（オーナー）という双方の希望もあり、全体の3％程度の株式をオーナーに残し、残り97％を譲渡しました。

（2）留意点

　ただし、名義株はその真実の保有者が所有しているものとして判定する取扱いとなるため（連基通1－2－1）、この取扱いに該当しないか、事案ごとに慎重に対応すべきです。

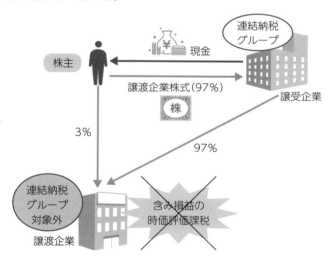

加入時に時価評価を行う趣旨

株式譲渡M&Aにより連結納税グループに加入する譲渡企業の一定の資産に税務上評価損益を計上する取扱いは、譲渡企業が単体納税期間に生じた含み損益を清算した後に連結納税に移行するのが適当であるという趣旨から設けられています。

一定の資産の含み損益を連結納税グループに持ち込んで連結納税グループの損益と通算することはできない形となっています。

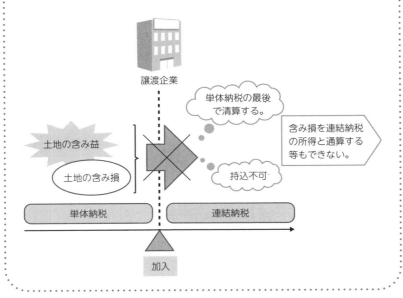

12-4 加入すると法人税の繰越欠損金のみ切捨て

ポイント

- ・法人税では加入時に繰越欠損金は切捨てとなる。
- ・法人事業税では加入後も繰越欠損金を繰越控除可。
- ・法人住民税では加入後は「繰越欠損金×法人税率」を繰越控除可。

1. 地方税では切捨てにならない

譲受企業グループが連結納税制度を適用している場合、株式譲渡M&Aにより新たに連結納税グループに加入した譲渡企業の税務上の繰越欠損金は、法人税では切捨てとなりますが、地方税では切捨てになりません。

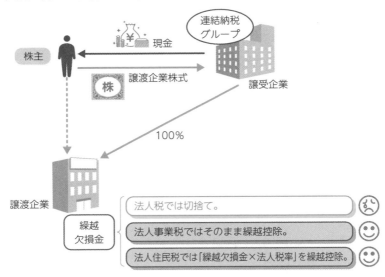

2. 譲渡企業の繰越欠損金取扱いまとめ

譲渡企業の繰越欠損金について、株式譲渡M&Aにより連結納税グループに加入した場合の税目ごとの取扱いは次のとおりです。

（1）法人税

切捨て（法法81の9②）。

（2）法人事業税

切捨てにならずそのまま繰越控除（※①）（地法72の23④）。

（3）法人住民税

「繰越欠損金×法人税率23.2％」を「控除対象個別帰属調整税額」として、法人税割の課税標準である法人税額から繰越控除（※①・②）（地法53⑤⑥、321の8⑤⑥）。

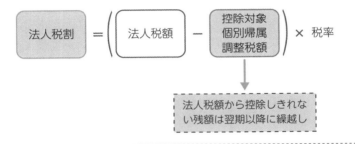

※①　繰越控除の期間

ア）平成20年4月以後終了事業年度発生分：9年

イ）平成30年4月以後開始事業年度発生分：10年

※②　控除対象個別帰属調整税額の控除

法人税や法人事業税では、資本金1億円超の法人や資本金5億円以上の法人の100％子会社等には繰越欠損金を50％までしか充当できません【4-1の2】が、（3）の繰越控除にはこのような控除制限はありません。

12-5 連結納税グループ子会社
株式の譲渡

ポイント

・譲渡企業の資産について時価評価は必要なし。

・繰越欠損金は消滅しない。

・税務上の子会社株式の簿価修正が必要。

1. 主な留意点

留意点多い

連結親法人

100%　100%　　　100%　　100%

A子会社　B子会社　　C子会社　　D子会社

譲渡企業　　A子会社とB子会社を株式譲渡で譲渡すると…

連結納税グループがその100%子会社（譲渡企業）の株式をM&Aにより譲渡した場合の主な留意点は次のとおりです。

（1）離脱日と申告納付

連結納税グループからの離脱日は株式の引渡しがあった日（連基通1－2－2）とされ、離脱日の前日で決算を区切り、譲渡企業は単体申告納付を行います（法法4の5②五、14①八、15の2①三）。

ただし、離脱日の前日が連結親法人の事業年度末と一致していれば従前通り連結申告納付を行います（法法15の2①（　）書き）。

（2）時価評価は不要

譲渡企業の保有資産の時価評価は行いません。

（3）繰越欠損金

連結欠損金のうち譲渡企業に帰属する金額は単体の繰越欠損金として引き継がれます（法法57⑥）。

（4）繰延譲渡損益の実現

譲渡企業が譲受法人または譲渡法人となる100％グループ内での繰延譲渡損益は税務上実現します（法法61の13③【9-2】）。

（5）税務上の子会社株式の簿価修正

次の「2.」をご参照ください。

2. 税務上の子会社株式の簿価修正

（1）税務上の処理が必要

連結納税適用期間中のその子会社の税務上の利益積立金増減額分だけ、税務上の子会社株式簿価を修正する必要があります（法令9①六②一三③、9の2①四②③、119の3⑤、119の4①）。なお、この修正は毎期行う必要はなく、子会社株式の売却時等にまとめて行います。

（2）処理理由

連結納税制度の連結所得の計算上、100％子会社で発生した所得は加算（または欠損は控除）されています。

連結親法人がその子会社株式を譲渡する場合、その子会社で連結納税適用期間中に発生した所得（または欠損）分だけ子会社株式の価値が増加（または減少）したと考えられ、所得の二重課税（または欠損の二重控除）を排除するための処理となります。

（例）　連結納税グループのA・B子会社株式をM&Aにより次の価額で譲渡する。
　　　　前提：譲渡前の子会社株式10、50はそれぞれ会計上と税務上とで一致。

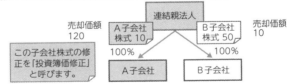

	A子会社	B子会社
連結納税適用期間中の利益積立金の増減額	+100（理論的にはこの100は既に課税されたと考えられる。）	▲40（理論的にはこの40は既に欠損として控除されたと考えられる。）
子会社株式譲渡益（会計上）	120-10=110	10-50=▲40
子会社株式簿価（税務上）※ 売却時等のみ修正	10+100=110	50▲40=10
上記修正理由	100の二重課税の排除	40の二重控除の排除
子会社株式譲渡益（税務上）	120-110=10	10-10=0

251

第 13 章

グループ通算制度

本章のねらい

　譲渡企業が100％株式譲渡によりグループ通算制度に加入した場合
や、通算グループがグループ通算制度の対象としている100％子会社の
株式を譲渡した場合には、税務上特有の論点があります。M&A前に押
さえておくべき留意点等を確認します。

13-1 グループ通算制度とは

ポイント

・グループ通算制度は法人税に関する制度である。
・100％子会社となった法人を制度の対象外とはできない。
・譲受企業が通算グループかを確認する必要がある。

1．法人税に関する制度である

（1）内容

　グループ通算制度は法人税に関する制度となり、グループ内の各法人がそれぞれの法人税（地方法人税含む）の申告納付を行います。

　この制度では、内国法人グループ各社の所得と欠損を通算してグループ内の各法人の所得金額およびそれに基づく法人税額を算出するため、赤字法人があれば、グループ全体の税負担を少なくできる点に最大のメリットがあります。

（2）連結納税制度からの移行（改組）

　グループ通算制度は、令和2年度税制改正において、連結納税制度から移行（改組）される形で設けられた制度です。連結納税グループは、令和4年4月1日以後開始事業年度から、原則として、グループ通算制度に自動的に移行します。

　株式譲渡M＆Aにおける連結納税制度との取扱いの主な違いは次のとおりです。

---

① 加入法人のみなし事業年度（特例）の末日に「会計期間の末日」が追加された【13-2の2】。
② 加入法人の資産の含み損益の実現および税務上の繰越欠損金の切捨てが緩和された【13-3】【13-4】。
③ グループの子会社株式を譲渡した場合の「税務上の子会社株式の簿価修正」について、子会社の税務上の簿価純資産価額に合わせるよう変更された【13-5】。

2.100%支配関係があれば対象となる

　グループ通算制度の対象範囲は、親法人と親法人による100%支配関係のある法人となり、親法人の100%子会社や100%子会社が100%所有している会社（いわゆる孫会社）も含まれます。

　この制度は選択制となり制度の適用は任意ですが、適用すれば一部の100%子会社等を制度対象外とすることはできません。つまり、この制度を適用している譲受企業グループがM&Aにより100%株式取得した会社は、制度の対象とせざるを得ません。

　なお、100%支配関係判定の留意点は【9-1の3】をご参照ください。

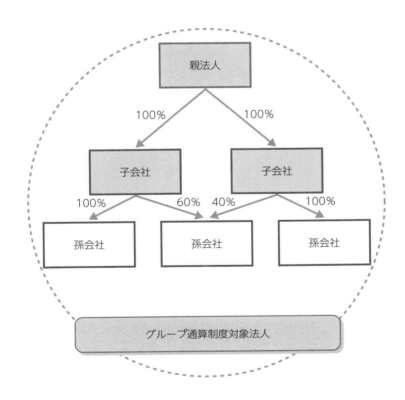

255

3. 法人税・地方法人税のみ適用

消費税（地方消費税含む）、法人事業税、法人住民税等にはこの制度の適用はありません。

4. 譲受企業の適用の有無を確認すべき

譲受企業がグループ通算制度を適用している場合には、特有の論点（具体的には次の「5.」以降）があるため、その適用の有無を確認すべきです。

譲受企業が上場会社グループの場合は、「有価証券報告書：連結財務諸表注記（連結財務諸表作成のための基本となる重要な事項）」の記載内容から、その適用の有無を確認できる場合があります。また、譲受企業が非上場会社グループの場合でも確認するようにしましょう。

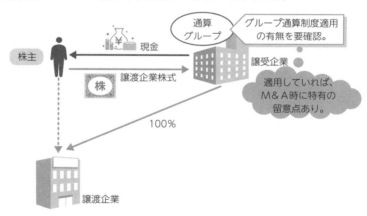

なお、譲渡企業が通算グループの場合の特有の論点は、【13-5】をご参照ください。

5. 中小企業の優遇規定の適用

　連結納税グループでは、その頂点に位置する連結親法人の資本金を基準に中小企業の優遇規定を適用できるか否かを判断しますが、グループ通算制度では、グループ内の全法人が中小法人に該当する場合のみ中小企業の優遇規定を適用できます。

　グループ内の各法人のうち、1社でも中小法人に該当しなければグループ内の法人全体が中小企業の優遇規定を適用できません。

　よって、譲受企業がこのようなグループに該当すれば、従前適用できていた優遇規定を適用できなくなるため注意が必要です。

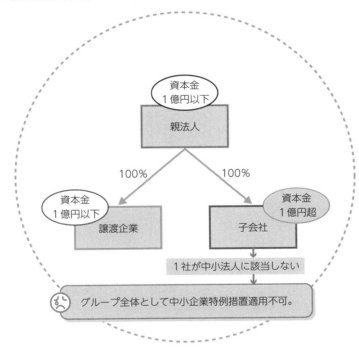

13-2 通算グループへの加入日と申告納付

1. 通算グループへの加入日

譲受企業グループがグループ通算制度を適用している場合、100%子会社となった譲渡企業は自動的にグループ通算制度の適用対象法人となります。

（1）加入日

通算グループへの加入日は株式の引渡しがあった日（法基通1−3の2−2）とされます。

（2）届出・手続

① 税務署向け

親法人は、その加入後、遅滞なく、完全支配関係を有することとなった旨等を記載した書類を所轄税務署に提出する必要があります（法令131の12③、法規27の16の8③）。

② 都道府県・市町村向け

連結納税制度では、条例により加入法人に届出書の提出を求めている都道府県・市町村があり、グループ通算制度でも同様に必要か否かを個別に確認することが望ましいといえます。

2. 譲渡企業で最後の単体申告納付を行う

（1）内容

加入法人は、通算グループに加入するにあたり、事業年度の途中で決算を区切り（「みなし事業年度」と呼びます。）、その後2カ月以内に単体とし

258

ての法人税（地方法人税含む）の加入前最後の申告納付が生じることに留意が必要です。

　なお、加入法人は、法人税と同様、みなし事業年度後2カ月以内に消費税（地方消費税含む）や地方税の申告納付も行う必要があります。

（2）みなし事業年度

　みなし事業年度は、次のように「①（原則）」と「②（特例）」を選択できることから、実務的には、決算作業の煩雑さを防ぐため「②（特例）」を選択するケースも多くあります。

　① **みなし事業年度（原則）**

　　事業年度開始日～加入日の前日まで（法法14④）。

　② **みなし事業年度（特例）**

　　事業年度開始日～加入日の前日の属する月の月次決算期間の末日または会計期間の末日まで（法法14⑧）。

（3）上記（2）「②（特例）」の届出

　① **内容**

　　親法人は、この適用を受けるためには、上記「（2）①（原則）」に係る申告期限までに、完全支配関係を有することとなった旨等を記載した書類をその所轄税務署に提出する必要があります（法法14⑧）。

　② **提出時期**

　　前記「1.」の加入の届出と同時または事後の提出でかまいません。

　③ **様式**

　　前記「1.」と同じ様式を使用し加入時期の特例欄にチェックします。

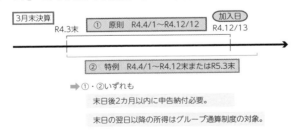

13-3 加入すると含み損益が実現する場合がある

ポイント

・税務上、譲渡企業の資産の時価評価が必要な場合がある。
・平成29年度税制改正により、営業権の評価益計上は不要となった。
・土地の含み益などで大きな課税が生じる場合がある。

1. 加入前に評価損益を計上する

　譲渡企業が100％株式譲渡M&Aにより通算グループに加入した場合、通算グループに加入する前に、つまり、単体としての最後のみなし事業年度の申告【13-2の2】で譲渡企業の一定の資産について、次の要件のいずれかを満たさなければ税務上評価損益を計上する必要があります（要件をすべて満たせばこの処理は不要です）（法法64の12①四、法令131の16③④⑦、法規27の16の11②、3①②、グ通通2-49）。

　なお、会計上は何も処理しないため、税務上だけの処理です。

要件

※　100％株式譲渡M＆Aにより譲渡企業が通算グループに加入する場合

---

① 加入法人と通算グループの親法人との間に親法人による完全支配関係が継続見込み
② 子法人事業と親法人事業とが相互に関連するものであること
・子法人事業とは、加入法人または加入法人との間に完全支配関係がある他の法人のいずれかの主要な事業（加入法人の完全支配関係グループにとって主要な事業（グ通通2-50））
・親法人事業とは、親法人または親法人との間に完全支配関係がある他の通算子法人のうちのいずれかの事業
③ 次のア）またはイ）を満たすこと
ア） 子法人事業と親法人事業（子法人事業と関連する事業に限る）のそれぞれの売上金額、従業者の数、これらに準ずるもののいずれかがおおむね5倍を超えないこと
イ） 子法人事業を行う法人の特定役員（常務取締役以上）のすべてが加入に伴い退任しないこと

---

④　加入法人の従業者のおおむね80％以上が継続従事見込み
⑤　加入法人の主要な事業が継続見込み
　　その主要な事業が②の子法人事業でない場合は、加入法人の主要な事業および子法人事業の双方で要件を満たす必要があります。

2.評価損益の計上対象資産

　評価損益を計上する必要がある「一定の資産」とは、①固定資産（圧縮記帳等適用資産を除く）、②土地（土地の上に存する権利を含む）、③有価証券（売買目的および償還有価証券を除く）、④金銭債権、⑤繰延資産となります（法法64の12①、法令131の16）。

　実務的に代表的なものとしては、土地、上場株式が挙げられます。なお、土地の場合のみ、固定資産でも棚卸資産でも対象となります。

3.金額の重要性により評価損益計上不要

　次の①や②の資産は、時価評価不要です。
①　税務上の簿価が1,000万円未満の資産（法令131の16①二）
②　含み損益が資本金等の2分の1または1,000万円のいずれか少ない金額未満の資産（法令131の16①三）

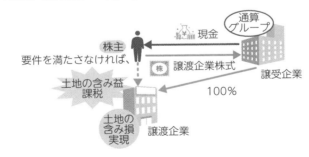

4.営業権の評価益計上は不要

　平成29年度税制改正により、税務上の簿価が1,000万円未満の資産が時価評価不要となったことに伴い、もともと帳簿に計上されていない営業権（自己創設のれん）は、時価評価不要とする取扱いが明確になりました。

13-4 加入した際の繰越欠損金

ポイント

・要件を満たさない場合

→法人税では加入時に繰越欠損金は切捨て。

→法人事業税では加入後も繰越欠損金を繰越控除可。

→法人住民税では加入後は「繰越欠損金×法人税率」を繰越控除可。

1.地方税では切捨てにならない

譲受企業グループがグループ通算制度を適用している場合、100％株式譲渡M&Aにより新たに通算グループに加入した譲渡企業の税務上の繰越欠損金は、【13−3の1】の要件のいずれかを満たさない場合、法人税では切捨てとなりますが、地方税では切捨てになりません。

なお、【13−3の1】の要件のすべてを満たせば、譲渡企業の繰越欠損金は、切捨てとならず、通算グループに加入後も自社の所得金額を上限に使用されることになります（法法64の7②一）。

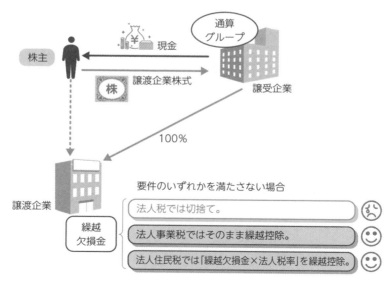

2.譲渡企業の繰越欠損金取扱いまとめ

　譲渡企業の繰越欠損金について、【13−3の1】の要件のいずれかを満たさない場合、第三者間100％株式譲渡M&Aにより通算グループに加入した場合の税目ごとの取扱いは次のとおりです。

（1）法人税
　　切捨て（法法57⑥）。

（2）法人事業税
　　切捨てにならずそのまま繰越控除（※①）（地法72の23①②）。

（3）法人住民税
　　「繰越欠損金×法人税率23.2％」を「控除対象通算適用前欠損調整額」として、法人税割の課税標準である法人税額から繰越控除（※①・②）（地法53③④、321の8③④）。

※①　繰越控除の期間
　　ア）平成20年4月以後終了事業年度発生分：9年
　　イ）平成30年4月以後開始事業年度発生分：10年

※②　控除対象通算適用前欠損調整額の控除
　　法人税や法人事業税では、資本金1億円超の法人や資本金5億円以上の法人の100％子会社等には繰越欠損金を50％までしか充当できません【4−1の2】が、（3）の繰越控除にはこのような控除制限はありません。

1
2
3
4
5
6
7
8
9
10
11
12

13

グループ通算制度

14
15

加入した際の課税のまとめ

※　100％株式譲渡Ｍ＆Ａにより譲渡企業が通算グループに加入する場合

① 　加入法人と通算グループの親法人との間に親法人による完全支配関係が継続見込み

② 　子法人事業と親法人事業とが相互に関連するものであること
・子法人事業とは、加入法人または加入法人との間に完全支配関係がある他の法人のいずれかの主要な事業（加入法人の完全支配関係グループにとって主要な事業（グ通通２−50））
・親法人事業とは、親法人または親法人との間に完全支配関係がある他の通算子法人のうちのいずれかの事業

③ 　次のア）またはイ）を満たすこと
　　ア）　子法人事業と親法人事業（子法人事業と関連する事業に限る）のそれぞれの売上金額、従業者の数、これらに準ずるもののいずれかがおおむね５倍を超えないこと
　　イ）　子法人事業を行う法人の特定役員（常務取締役以上）のすべてが加入に伴い退任しないこと

④ 　加入法人の従業者のおおむね80％以上が継続従事見込み

⑤ 　加入法人の主要な事業が継続見込み
　　その主要な事業が②の子法人事業でない場合は、加入法人の主要な事業および子法人事業の双方で要件を満たす必要があります。

	①〜⑤のすべてを満たす	①〜⑤のいずれかを満たさない
資産の含み損益の実現【13−3】	不要	必要
加入前の繰越欠損金【13−4】	自社の所得を上限に通算グループに持込可能	法人税では切捨て

　　連結納税制度では、100％株式譲渡により、必ず譲渡企業の資産の含み損益が実現され加入前の法人税の繰越欠損金が切捨てされる取扱いとなっていましたが、グループ通算制度では、①〜⑤の要件をすべて満たせばこれらの取扱いの対象外になります。

13-5 通算グループ子会社株式の譲渡

ポイント

・特殊な場合を除き、譲渡企業の資産について時価評価は必要なし。
・繰越欠損金は消滅しない。
・税務上の子会社株式の簿価修正が必要。

1. 主な留意点

通算グループがその100%子会社（譲渡企業）の株式をM&Aにより譲渡した場合の主な留意点は次のとおりです。

（1）離脱日と申告納付

通算グループからの離脱日は株式の引渡しがあった日（法基通1−3の2−2）とされ、離脱日の前日で決算を区切り、譲渡企業は単体申告納付を行います（法法14④二）。

ただし、離脱日の前日が親法人の事業年度末と一致していれば従前通りグループ通算制度により申告納付を行います（法法14③）。

（2）時価評価は不要

特殊な場合を除き、譲渡企業の保有資産の時価評価は行いません。

（3）繰越欠損金

譲渡企業の税務上の繰越欠損金はそのまま使用できます。

（4）繰延譲渡損益の実現

　譲渡企業が譲受法人または譲渡法人となる100％グループ内での繰延譲渡損益は税務上実現します（法法61の11③【9－2】）。

（5）税務上の子会社株式の簿価修正

　次の「2.」をご参照ください。

2. 税務上の子会社株式の簿価修正

（1）税務上の処理が必要

　税務上の子会社株式簿価をその離脱する子会社の税務上の簿価純資産価額（資本金等の最終値と利益積立金の最終値の合計額）に修正する必要があります（法令119の3⑤、119の4①）。なお、この修正は毎期行う必要はなく、子会社株式の売却時等にまとめて行います。

（2）連結納税制度との比較

　連結納税制度では、子会社株式の売却時等に、税務上の子会社株式簿価を連結納税適用期間中のその子会社の税務上の利益積立金の増減額だけ修正する必要がありました。

　一方で、グループ通算制度では上記（1）の取扱いとされたことにより、通算グループが、のれん代をつけて譲渡企業株式を100％取得した後、その譲渡企業を株式譲渡により転売する場合には、このれん代部分はグループ通算制度では売却原価に入れることはできず、連結納税制度よりも不利になるといえます。

（例）　通算グループのA・B子会社株式をM&Aにより次の価額で譲渡する。
　　　　前提：子会社株式10、50はそれぞれ会計上と税務上とで一致

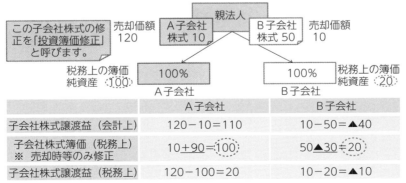

	A子会社	B子会社
子会社株式譲渡益（会計上）	120－10＝110	10－50＝▲40
子会社株式簿価（税務上） ※ 売却時等のみ修正	10＋90＝100	50▲30＝20
子会社株式譲渡益（税務上）	120－100＝20	10－20＝▲10

267

第 **14** 章

その他の税務

本章のねらい

　M&Aを進めるうえで押さえておきたい修正申告・更正の請求、粉飾
による過大納付額の還付請求、相続税・贈与税の納税猶予株式の譲渡、
税務署等への法定調書の提出を確認します。

14-1 税額が誤っていた際に行う手続

ポイント

・「修正申告」は税額を過少に申告していた場合に行う手続。
・「更正の請求」は税額を過大に申告していた場合に行う手続。
・更正の請求を行うには期限がある。

1. 過少に申告していた場合は「修正申告」

（1）内容

　修正申告は、税額を過少に申告していた場合に、納税者の意思で修正後の申告書を課税庁へ提出する手続です。提出が義務付けられているわけではなく、納税者は課税庁による更正※があるまでは、修正申告書を任意で提出できます。

※　「更正」とは課税庁側の処分手続をいい、所得金額や税額を増加させる「増額更正」、減少させる「減額更正」があります。

（2）地方税

　法人税（地方法人税含む）の修正申告を行えば、併せて法人事業税（特別法人事業税含む）と法人住民税（都道府県民税、市町村民税）の修正申告を行うことになります。

2. 過大に申告していた場合は「更正の請求」

（1）内容

　更正の請求は、税額を過大に申告していた場合に、更正の請求書を課税庁に提出し還付を求める手続です。この請求により自動的に還付されるわけではなく、税務署が調査を行い更正の処分を行うことにより還付されます。M&Aの進行中に手続するのであれば、この調査実施期間と地方税の手続期間をスケジュール上考慮しておく必要があります。

（2）地方税

　地方税は、国税で税務署が認めた内容に準じて更正を行うスタンスとなるため、一連の処理は統一されています。

　なお、地方税の更正の請求方法は2通り（次の①または②）あり、短期間で実行したい場合には②を選択すべきです。

> **①　税務署が更正決定後都道府県へ連絡、都道府県が市町村へ連絡**
> ・地方税の更正の請求手続をしなくても自動的に連絡される。
> ・更正決定後市町村まで連絡が届くのに最短でも3カ月程度かかる。
>
> **②　更正の請求書を都道府県と市町村へ提出**
> ・法人税の更正通知書の写しを添付。
> ・法人税の更正決定日から2カ月以内に手続必要。

（3）更正の請求手続期限

　当初申告の法定申告期限から請求期限が定められ、税目や事由による原則的な請求期限は次のとおりです。これらは、税務署・都道府県・市町村による更正期限と一致します。なお、偽りその他不正行為（いわば脱税）の場合の更正期限は7年となります。

No.	税目、事由	請求期限	関係条文
①	法人税（⑦・⑧以外）・地方法人税（⑦以外）		通法23①
②	所得税		
③	消費税	5年	
④	相続税		
⑤	地方税・特別法人事業税		地法20の9の3①
⑥	贈与税	6年	相法32②
⑦	移転価格税制に係るもの	7年	措法66の4㉖
⑧	欠損を増額するためのもの	10年※	通法23①

※　平成30年4月以後開始事業年度発生分からは10年。

14-2 粉飾していた際の 過大納付額は還付請求できる

ポイント

- ・自主的に会計処理を修正し、税務署長の更正を経る必要あり。
- ・法人税・地方法人税は、過大納付額の一部還付、残りは税額控除。
- ・法人事業税・法人住民税では、過大納付額は税額控除。

1.決算を修正したうえで更正の請求手続が必要

　棚卸資産や売掛金等で粉飾決算を行っているケースがありますが、会計上、前期損益修正損等で粉飾決算を修正する処理をしたとしても、税務上は当期に発生した損金ではないため全額を損金不算入とします（法法22③）。そのうえで、更正の請求手続【14-1の2】により過大に納付した税額の還付請求を行う必要があります。

　なお、この手続を踏まず、一括での損金算入処理を行う実務対応もあるようですが、本来的な処理ではないといえます。

2.法人税

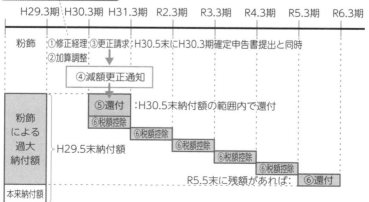

　次の順序で手続等が進みます。ここでは平成29年3月期で売上を粉飾し既に申告納税済みの会社を例に記載します。

```
① 修正の経理 （前期損益修正損 ／ 売掛金）
```

　修正の経理を行い、かつ、その修正の経理をした期の確定申告書を提出するまでの間は、税務署長は更正をしないことができる（法法129①）ため、まずは、粉飾経理を自主的に訂正する会計処理を行う必要があります（ここでは平成30年3月期に処理）。

```
② 法人税申告書上加算調整
```

　上記①の前期損益修正損を平成30年3月期の法人税申告書上加算調整します。

```
③ 上記②の申告書と更正の請求書を同時提出
```

　平成30年5月末に上記②の申告書と平成29年3月期の更正の請求書を同時に提出します。

```
④ 事実確認後減額更正通知
```

　税務署が調査等により事実確認後、平成29年3月期の減額更正を行い譲渡企業へ通知します（ここでは平成31年3月期に通知）。

```
⑤ 過大納付額の一部は還付
```

　粉飾決算により納め過ぎた法人税額は、更正の日（上記④）が属する期の開始日前1年以内に開始した各期（ここでは平成30年3月期）の所得に対する法人税で更正の日の前日において確定している「確定法人税額」の範囲内で還付されます（法法135②）。

```
⑥ 残りは法人税額から税額控除し、最後の残りは還付
```

14
その他の税務

過大納付額のうち残りは更正の日が属する期（平成31年３月期）以後発生する各期の法人税額から順次控除されます（法法70）。

　更正の日が属する期の開始日から５年を経過する日の属する期（令和５年３月期）における確定申告書の提出期限が到来した場合には、残額があれば全額が還付されます（法法135③）。

3. 地方法人税

　法人税の取扱いと同様です（地法法13①、25①、29①②③）。

4. 地方税

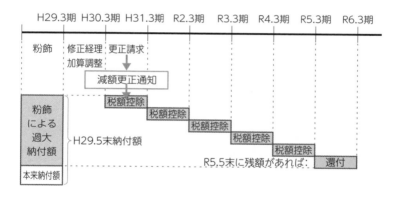

　次の３税目は同じ取扱いとなり、法人税と地方法人税のようにはじめに還付される金額はありません。

① **法人事業税（特別法人事業税含む）**（地法72の24の10①②③）

② **法人住民税（都道府県民税）**（地法53㉗㉝㉞［令和４年４月〜地法53㊼㊼㊾㊿㊼㊼］）

③ **法人住民税（市町村民税）**（地法321の8㉗㉝㉞［令和４年４月〜地法321の8㊼㊼㊾㊿㊼㊼］）

　過大納付額は、更正の日が属する期（前記「2.」の例では、平成31年
3月期）以後発生する各期の税額から順次控除します。

　更正の日が属する期の開始日から5年を経過する日の属する期（令和5
年3月期）における確定申告書の提出期限が到来した場合には、残額があ
れば全額が還付または未納税額に充当されます。

　なお、地方税の更正の請求方法は【14-1の2】をご参照ください。

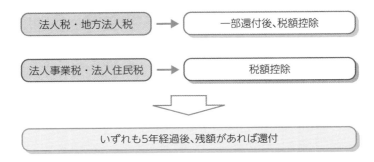

5.消費税

　粉飾経理について特段の規定がないため、原則的な更正の請求手続を行
い、更正が認められれば一括で還付されます。

14-3 相続税・贈与税納税猶予 適用株の譲渡

ポイント

- ・相続税と贈与税には納税を猶予できる制度がある。
- ・適用株式を譲渡した場合には猶予税額と利子税の納付必要。
- ・相続後一定期間内の譲渡なら相続税を取得費に加算できる。

1. 相続税・贈与税の納税猶予制度とは

　非上場株式を相続または贈与により取得した場合、要件を満たすことで相続税または贈与税の納税を猶予できる制度（事業承継税制）があり、その特例制度が、平成30年度税制改正により従前の制度と並列する形で新たに創設され大幅に要件の緩和と拡充が図られました。

　適用検討場面は実務上少ないかもしれませんが、ここではこれらの適用株式を譲渡した場合の取扱いについてみていきます。

2. 譲渡した場合は猶予額と利子税の納付必要

　納税猶予を適用している非上場株式をM&Aにより譲渡した場合には、次の金額の納付が発生するため留意が必要です。相続税の納税猶予、贈与税の納税猶予ともに同じ取扱いとなります。

---

① **申告期限後5年以内に譲渡した場合**
　　1株でも譲渡すれば猶予税額全額と利子税の納付が必要。

② **申告期限後5年経過後に譲渡した場合**
　　譲渡した株数に対応する猶予税額と利子税※の納付が必要。

※　②の場合、申告期限後5年間の利子税は免除されます。

　株式譲渡によるM&Aが行われる際には、通常100％譲渡によるため、5年経過後に譲渡した場合であっても、5年以内の譲渡と同じく、結局は、猶予税額は全額納付することになります。

3.相続税の取得費加算が適用できる

　相続税の取得費加算【2-6の2】は、相続税の納税猶予が適用された非
上場株式にも適用できます。相続後3年10カ月以内にM&A等により譲渡
すれば、株式譲渡所得にかかる税負担を軽減できます。

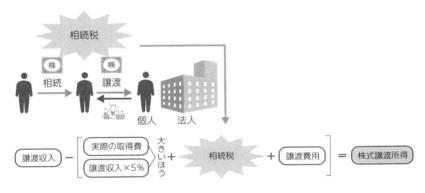

4.事業承継税制の特例株式の譲渡

　事業承継税制の特例制度では、特例経営（贈与）承継期間（5年）経過
後に「事業の継続が困難な事由（一定期間のうち赤字が2期以上もしくは
売上高が2期以上対前年比で減少など）」が生じ、その適用株式を譲渡し
た場合、譲渡対価（譲渡時の相続税評価の50%が下限）を基に再計算した
納付額が当初の納税猶予税額を下回れば、差額は免除されます。

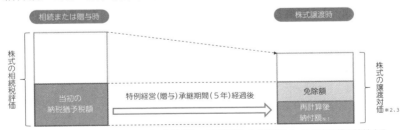

※1　再計算後納付額は、譲渡前5年間の後継者等への配当等との合計額とし、この合計額を納付する。
※2　譲渡時の相続税評価の50%が下限。
※3　譲渡対価が譲渡時の相続税評価の50%を下回る場合において、一定の要件に該当するときは、上記
　　の免除に加え、『再計算後納付額－「譲渡対価をもとに再々計算した納付額＋譲渡前5年間の後継者等
　　への配当等」』を免除できる。

14-4 主な法定調書

1. 株式譲渡 M&A で押さえるべき法定調書

株式譲渡によるM&Aにおいて、実務的に提出が考えられる法定調書の一覧は、次ページのとおりです。

法定調書の様式は【国税庁HP＞申告・申請・届出等、用紙（手続の案内・様式）＞法定調書関係】で確認でき、税務署へ提出する「退職所得の源泉徴収票」と市町村へ提出する「退職所得の特別徴収票」は同じ様式です。

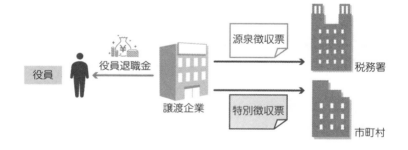

2. 法定調書提出漏れ

法定調書を提出期限までに提出しなければ、条文上は１年以下の懲役または50万円以下の罰金に処するとあります（所法242①五、相法70、地法328の16②一）が、罰金等を受けたという事例を聞いたことはなく、実務上、適用されていないようです。

278

税務署へ提出する調書

調書名	提出義務者	提出期限	提出省略	受給者向	合計表
株式等の譲渡の対価等の支払調書	居住者等に対し株式取得代金を支払った法人	翌年1月末	なし	—	併せて提出
退職所得の源泉徴収票	居住者に役員退職金、従業員退職金を支払った法人	退職後1カ月、翌年1月末の提出も可（受給者へは退職後1カ月以内に交付必要）	従業員への退職金。死亡退職による場合は、下記「退職手当等受給者別支払調書」を提出。	1通交付	併せて提出
退職手当等受給者別支払調書	死亡退職に伴う役員退職金・従業員退職金を支払った法人	支払日の翌月15日	同一人に対し100万円以下	—	併せて提出
不動産等の譲受けの対価の支払調書	国内で、不動産、不動産の上に存する権利、船舶等の取得代金を支払った法人等	翌年1月末	同一人に対し年100万円以下	—	併せて提出
配当、剰余金の分配、金銭の分配及び基金利息の支払調書	配当等を支払った法人	支払確定日から1カ月	個人への支払：1回「10万円×配当計算期間月数÷12」以下など	実務上1通交付	併せて提出
配当等とみなす金額に関する支払調書（支払通知書）	自己株買い等によりみなし配当を支払った法人	支払確定日から1カ月	個人への支払：1回「10万円×配当計算期間月数÷12」以下など	1通交付	併せて提出

市町村へ提出する調書

調書名	提出義務者	提出期限	提出省略	合計表
退職所得の特別徴収票	居住者に役員退職金、従業員退職金を支払った法人	退職後1カ月	従業員への退職金。死亡退職による場合は不要。	不要

※　住民税納付前に「特別徴収額納入内訳書」の提出を別途求めている市町村も多くあります【3-3の3】。

第 **15** 章

譲受企業の会計処理

本章のねらい

　M&Aにより株式を取得した譲受企業では財務諸表上どのような影響
があるのか、M&A前に押さえておくべきです。譲受企業の単体決算上
および連結決算上の処理を確認します。

15-1 株式取得した際の会計処理 (単体決算上の処理)

1. 関係会社株式に含める費用

（1）内容

　譲受企業が支払った株式取得代金はその取得に要した費用とともに、「関係会社株式」として処理します。これは会計上も税務上も同じです。

　「どこまでの費用を『関係会社株式』に上乗せする必要があるのか？」という疑問が生じますが、両者で締結した基本合意や譲受企業による意向表明以後に発生する諸費用が該当します。

　つまり、M&Aにより譲り受けるという意思決定がなされた時点以後の諸費用です。

（2）具体例

　具体的な費用としては、仲介会社への中間報酬・成功報酬、譲渡企業を監査する際に監査実施者へ支払った監査報酬などが挙げられます。

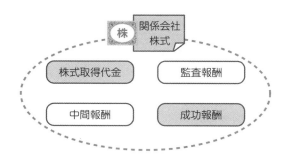

（3）会計処理

中間報酬や監査報酬は支払時点では案件が成就するか否かは確定していないため、いったん「仮払金」処理し、その後案件が成就すれば「関係会社株式」へ振り替え、案件が成就しなければ「費用」に振り替えます。

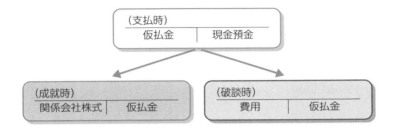

（4）消費税等の取扱い

案件が成就した場合、成功報酬等にかかる消費税（地方消費税含む）は、譲受企業が消費税抜きの会計処理を選択していれば、関係会社株式に含まれませんが、消費税込みの会計処理を選択していれば、関係会社株式に含まれることになります。

2. 着手金の処理

譲受企業が仲介会社へ情報提供料の位置付けで着手金を支払うケースは多いですが、この着手金は費用処理、税務上も損金処理します。

3. 株式取得後配当による資金回収

【5-7のMAcafe】をご参照ください。

15-2 株式取得した際の会計処理 (連結決算上の処理)

ポイント

・「のれん」や「負ののれん発生益」は連結決算上でのみ生じる。

・のれんの償却は会計上でのみ行う。

・諸費用は連結決算上で関係会社株式から費用へ振替え。

1．連結仕訳

　連結決算を組む際には、連結グループ各社の財務諸表を単純合算した後、連結仕訳を入れます。その一部ですが、単体決算上で計上した関係会社株式と100%子会社となった譲渡企業の純資産科目（資本金など。評価差額はないものとする。）とを次のように相殺消去します。

※ここでは単純化のため、関係会社株式に含まれる諸費用（仲介会社への成功報酬など）はないものとします。

（例1）　関係会社株式　100、子会社純資産　70の場合

子会社純資産	70	関係会社株式	100
のれん	30		

（例2）　関係会社株式　100、子会社純資産　120の場合

子会社純資産	120	関係会社株式	100
		負ののれん発生益	20

　なお、関係会社株式に含まれる諸費用の連結決算上の処理方法について、平成25年9月に改正が図られ、この諸費用がある場合の上記の連結仕訳に影響があるため留意が必要です（後掲「4.」参照）。

2. のれんは連結決算上でのみ発生

（1）のれん

のれんは、無形固定資産の「のれん」として計上し、20年以内の効果の及ぶ期間で償却します。償却費は、「販売費及び一般管理費」の「のれん償却費」として計上します。

（2）負ののれん発生益

負ののれんは、特別利益の「負ののれん発生益」として一括収益計上し、重要性の乏しい金額の場合は営業外収益で計上します。

留意したい点は、のれんや負ののれん発生益が、譲受企業の連結決算上でのみ発生する点です。単体決算上および税務上では発生しません。

3. のれんの償却はあくまで会計上

評価上「のれん」が生じる譲渡企業株式の取得において、「譲受企業が税務上でものれんを償却し節税メリットを得られるのでは？」との声を聞くこともありますが、これは誤りです。株式譲渡スキームでは税務上のメリットはないといえます。

なお、事業譲渡等のスキームで、のれんが生じた場合には、税務上、譲受企業でのれんを5年償却できます。

株式譲渡スキームにおける「のれん」は

連結決算上のみで発生。

単体決算上では発生しない。

税務上では発生しない。

4. 諸費用は連結上でのみ費用へ振替

（1）内容

　関係会社株式に含まれる諸費用（仲介会社への成功報酬など）は、連結決算上でのみ、関係会社株式から諸費用に振り替えたうえで（企業結合に関する会計基準26項）、残りの関係会社株式と子会社純資産の金額を相殺消去します。

（2）連結仕訳

　具体的には、次のような連結仕訳となります。

　（例）前記の「1.」（例1）において、関係会社株式に含まれる諸費用を　　　10とします。

諸費用	10	関係会社株式	10
子会社純資産	70	関係会社株式	90
のれん	20		

　つまり、諸費用が10発生することに伴い、のれんが従前よりも10小さくなります。また、この処理はあくまで連結決算上の処理となるため、単体決算上の処理は従前から変更ありません（企業結合に関する会計基準94項、金融商品会計に関するQ&AのQ15－2）。

　　　　従前は発生しなかった連結上の費用が発生することに留意する。

（3）損益計算書上の処理

　この諸費用10について、「連結財務諸表等におけるキャッシュ・フロー計算書の作成に関する実務指針のⅢ 設例による解説」では、支配獲得時の諸費用は「販売費及び一般管理費」、追加取得時の諸費用は「営業外費用」とする仕訳が記されています。

IFRSを導入した場合の「のれん」の処理

IFRS（国際会計基準）では、のれんは非償却（償却しない）・毎期末に減損チェックを行うとされているため、IFRSを導入すれば定期的な償却がなく毎期の利益はプラスに働く半面、減損会計の適用による特別損失が従前よりも多額に一度に発生しやすいといえます。

IFRSを導入すれば

のれんは償却しない。

のれんの減損テストが毎期必要。

索 引 ・・

※本索引は、当該用語を主に説明している箇所や用語解説を付している箇所の
　ページを記載しています。

索引

【著者プロフィール】

村木　良平（むらき　りょうへい）

税理士
昭和 50 年 7 月大阪府生まれ。
大阪府立北野高等学校、同志社大学経済学部卒業。
税理士業務、民間企業での経理・財務・社会保険実務全般、上場準備、上場後の開示実務、国際税務を含めた税務実務、上場企業同士の再編実務等幅広い業務を経験し、株式会社日本 M&A センターにて、千件以上の M&A 案件を主に税務・ストラクチャー構築面から 12 年間関与後独立。現在はグループ内再編・M&A 実務全般の各助言に特化した村木良平税理士事務所の代表を務める。

（主な実績）
・建設業など株式譲渡多数
・医療法人出資持分譲渡多数
・薬局、会計事務所など事業譲渡多数
・医療法人事業譲渡多数
・基金拠出型医療法人の譲渡多数
・介護、飲食店業など分社型分割後の株式譲渡多数
・分割型分割後の株式譲渡多数
・現金対価吸収分割多数
・グループ 2 社の株式交換後の吸収分割
・グループ 5 社の株式交換
・上場会社の自己株式を利用した株式交換
・現金対価株式交換
・共同株式移転
・兄弟会社合併
・逆さ合併
・スクイーズアウト（株式等売渡請求、株式併合など）
・上場準備、上場審査対応実務
・上場後の開示実務、J-SOX 対応実務
・上場企業同士の合併実務、PMI 実務
・経理、財務、税務申告、社会保険実務業務
・シンガポール、香港、ベトナム、中国他国際税務実務
・税理士会など再編実務セミナー講師多数

（主な著書等）
・中小企業 M&A 実務必携税務編（きんざい、平成 28 年・平成 30 年）
・中小企業 M&A 実務必携手法選択の実務（共著、きんざい、平成 31 年）
・事業譲渡による M&A 実行と税務留意点（株式会社ぎょうせい、月刊税理 2020 年 5 月号）
・M&A における財務・税務デューデリジェンス（株式会社ぎょうせい、月刊法律のひろば 2020 年 8 月号）

中小企業M&A株式譲渡の税務

2021年10月14日　第1刷発行
2023年 5 月24日　第2刷発行
2024年 4 月11日　第3刷発行

著　者　村　　木　　良　　平
発行者　加　　藤　　一　　浩
発行所　一般社団法人 金融財政事情研究会
〒160-8519　東京都新宿区南元町19
電話　03-3358-0016（編集）
03-3358-2891（販売）
URL　https://www.kinzai.jp/

※2023年 4 月 1 日より発行所は株式会社きんざいから一般社団法人 金融財政事情研究
会に移管されました。なお連絡先は上記と変わりません。

印刷　三松堂印刷株式会社　ISBN978-4-322-13996-9